SHUT UP

起業と経営を成功させる15の行動原則

Hard Business Truths That Will Help You Succeed

Tilman Fertitta

黙[illegible]れの話を聞[illegible]!

JN055111

ティルマン・ファティータ

三宅康雄 訳

AND LISTEN!

SHUT UP AND LISTEN! by Tilman Fertitta
Copyright © 2019 by Tilman Fertitta
Published by arrangement with HarperCollins Leadership, a division of HarperCollins Focus,
LLC, through Tuttle-Mori Agency, Inc., Tokyo

ティルマン・ファティータという男

ジム・グレイ

私は、これまで40年以上にわたり多くの一流アスリート、偉大な勝者たちを取材してきた。モハメド・アリ、トム・ブレイディ、マイケル・ジョーダン、マイケル・フェルプスといったレジェンドたちだ。彼らはみな、献身、情熱、ハードワーク、誠実さ、知性、想像力、卓越性へのこだわり、そして強い心を兼ね備えていた。だからこそ世界的なアイコンと称されるほどの存在となったのだ。

同じ原則はビジネスにも当てはまる。あなたが本書を手にした理由もそこにあるのだろう。ビジネスの偉大な勝者から学びたいからだ。

ティルマン・ファティータは、山の頂点を極めた。ビジネスの歴史上、もっとも大きな成功を収めたひとりだ。

あなたがビジネスパーソンなら、ティルマンが数多くのホテル、レストラン、カジノを傘下に持つランドリーズ社のオーナーであり、ＣＮＢＣの番組〈ビリオンダラー・バイヤー〉でホストを務めていることはご存じだろう。スポーツ好きのあなたは、ティルマンがヒューストン・ロケッツ（NBAの人気チーム）のオーナーとして、あるいはヒューストン大学の理事長として、新たな施設づくりやスポーツプログラムの強化を主導した功績についてもご存じかもしれない。

もしあなたが私と同様、ティルマンと個人的に付き合いがあるなら、彼が35年以上前に最初のレストランを開店した当時と変わらない情熱とエネルギーで、現在は複数の事業を経営していることもご存じだろう。ここまでの大成功を手中にしても、彼の意欲はビジネスを立ち上げた初日からいささかも衰えていないようだ。ティルマンと働くときには一切の妥協が許されないし、顧客に提供する価値について、彼はどんなにささいな要素もゆるがせにはしない。ビジネスを成功に導くために何が必要なのかを理解しているのがティルマンなのだ。彼は、ともに働くスタッフたちをやる気にさせるすべを知っている。自信を持たせ、元気づけ、一人ひとりが持つ最高の能力を引き出す。彼は自分自身を信じているからこそ、周囲の人たちを信頼している。実際のところ、ティルマン以上にビジネスで成功するために何が必要なのかを熟知している経営者は、ほとんどいないだろう。

本書で、ティルマンは大成功をつかみ取るための秘訣、戦略を披露している。少々ぶっきらぼうでユーモラスなその語り口に、あなたも引き込まれるだろう。起業家たちがつまずきがちな盲点を明らかにし、自ら実証してきた成長戦略を教えてくれる。ティルマンは「はじめに」でこう述べている。「あなたは分かってやっているつもりでも、実は全然分かっていない。おれが説明してやろう」。同じことができる人は多くないはずだ。

私は、この本を多くの人に読んでもらいたい。ティルマンが提示するさまざまな教えや実行可能な識見は、あらゆるビジネスオーナーにとって、読後も長くよりどころとなるはずだ。これは、ビジネスの航海図を提示し、自分と同じ勝利の方程式を活用してもらいたいと願うひとりの男によって記された、生涯にわたって学び続けるべきビジネスの教科書だ。

（スポーツ栄誉の殿堂入り、エミー賞受賞スポーツジャーナリスト、レポーター、プロデューサー）

CONTENTS

ティルマン・ファティータという男　ジム・グレイ　3

はじめに　おれの話を聞く前に！　9

第1章　ホスピタリティー（「もしスクランブルエッグを注文されたら……」）　15
1　ホスピタリティーが勝敗を分ける　17
2　自分の辞書から「ノー」を消し去れ　33
3　小集団ではなくマスを狙え　40

第2章　財務数値の重要性　47
4　運転資本こそすべて　50
5　オフィス賃借の落とし穴　65
6　数字を頭に叩き込め　71

第3章　95：5の法則。あなたの「5」は？　79

7 自分の「5」を探せ 82
8 強みを知り、生かせ 93
9 異なる強みと組め 99

第4章 チャンスを見つけろ。チャンスをつかめ 105

10 執行猶予5年 108
11 「いつか売上高1000万ドルの会社を経営したい」 118
12 飢餓感を保つこと 127

第5章 リーダーとして生きろ 135

13 リーダーは、まず相手の話を聞け 138
14 偉大な師たれ 151
15 変われ、変われ、変われ 162

おわりに

あきらめるな。攻め続けろ 175

あとがき 「最後までおれの話を聞いたあなたに……」187／私の知るティルマン 193／謝辞 204

はじめに　おれの話を聞く前に！

あなたが現在自分で会社を経営しているか、これから立ち上げようとしているなら、もしくは社内で出世の階段を上り詰めようと考えているなら、本書こそうってつけだ。そのビジネスの可能性をどこまでも追及するために、まずは黙っておれの話を聞いてほしい。

おれの名は、ティルマン・ファティータ。フォーブス４００（アメリカでもっとも裕福な４００人のランキング）によれば、おれは全米１５３位の金持ちということになる。おれが単独オーナー兼創業者であるファティータ・エンタテインメント社は、レストラン、ホテル、アミューズメントパーク、水族館を保有し、運営している。あなたがよく知っている名前もあるだろう。マストロズ、モートンズ・ザ・ステーキハウス、レインフォレスト・カフェ、チャート・ハウス、ババ・ガンプ・シュリンプ社、ランドリーズ・シーフードハウス、ソルトグラス・ステーキハウスなど。他にも35のブランドがある。合わせて６００軒を超すレストランを持っている。さらに、ゴールデンナゲット名義のカジノとホテルを５つ。まだある。ＣＮＢＣのリアリティショー、〈ビリオンダラー・バイヤー〉には番組ホストとして出演している。

それから、知らないはずもないと思うが、ＮＢＡのヒューストン・ロケッツも保有している。

テキサス州ケイティ市にたった1軒のレストランを開いた日から現在にいたるまで、ずいぶんと長い道のりを歩いてきた。おれはこれから、エンタテインメントとホスピタリティーの一大帝国を築き上げるなかで駆使してきた自分の考え方と戦略を、あなたに伝えようと思う。

ついては、最初にひとつ警告しておく。

おれのようになれ——自分のビジネスに関して思い悩むことを、絶対に、絶対に、やめるな。

なぜかって？

ビジネスにおいても、人生の多くの局面においても、困難というやつが必ず襲いかかってくるからだ。

しかも、それがいつ、どこで襲ってくるのか、誰にも分からない。

おれは本気でそう考えている。あなたのビジネスが今は順調に動いていようが、自分はなんでも分かっていると余裕を持っていようが、関係ない。この1点だけは必ず頭に叩き込んでおけ。今この瞬間にも、あなたに困難が降りかかるかもしれないのだから。

困難というのは、つまりこういうことだ。成功し、成長しているビジネスにぴったり照準を合わせたように影響する力は、必ずどこかに存在している。あなたの商品よりも優れたものが開発されるかもしれない。突然訴訟に見舞われることもある。景気が悪化するかもしれない。頼みにしていた銀行に融資を打ち切られるかもしれない。政府が新たな規制を発動するかもしれない。あなたのコンピュータがハッキングされるかもしれない。最近では、国の内外でテロリストの襲撃を想定することは決して馬鹿げた考えじゃない。

ビジネスを傷つけ、あるいは破壊しかねない出来事が起きたときにもっとも望ましいのは、あなた自身が素早く行動して影響を最小限にとどめることだ。だがそのためには、自分の目をしっかり見開いておく必要がある。今から心配して、予測し、計画して、先回りしておくことが肝心だ。なぜか？　あなた自身が多くの役割をこなし、さまざまなスキルを駆使し、ビジネスを前進させようとしている多忙な毎日のなかで、困難は思ってもみない方向から襲ってくるものだからだ。

人は、いともたやすく現状に満足し、自信過剰に陥る。だがその途端、ささいに見えても実は重要な細部に目を向けなくなってしまう。

「あなたは分かってやっているつもりでも、実は全然分かっていない。おれが説明してやろう」

おれはいつもこう聞かれる――「何をそんなに恐れているんだ？」と。そのたびにおれは、何も恐れてなどいないが、あらゆることを心配している、と答えている。企業経営者、学生、うちの従業員、テレビ番組〈ビリオンダラー・バイヤー〉に出てくる起業家たちと話すときに、おれが伝えようとしている重要なメッセージのひとつがそこにある。番組では、起業家たちが毎回おれに素晴らしく魅力ある製品を売り込んでくれるが、おれはそのつど、何かしら欠けている要素を指摘する。それが彼らのビジネスを傷つけている要因だからだ。

そういうわけで、本書のタイトルにあるとおり、あなたが次にやるべきことはシンプルだ。

黙っておれの話を聞け。

あなたたちに伝えたいことは山ほどある。どれも、聞いてよかったと思えることばかりのはずだ。

本書は5章で構成されている。それぞれが、自覚していなければあなたの事業を破壊しかねない、いわば盲点のようなテーマだ。タイトルは、次のとおり。

第1章　ホスピタリティー（「もしスクランブルエッグを注文されたら……」）
第2章　財務数値の重要性
第3章　95：5の法則。あなたの「5」は？

第４章　チャンスを見つけろ。チャンスをつかめ
第５章　リーダーとして生きろ

各章で、あなたの事業をレベルアップさせるために役立つ、具体的な戦略と考え方を紹介している。なかでも特に強調したい内容については、「聞け！」という見出しにまとめた。

ビジネスに関して言うならば、あなたの商品、競合商品、そしてあなた自身について、つねに現実的な視点で眺めることが、何より重要だ。自分は今何をしているのか、何を決断しようとしているのか、意識してほしい。本書は、あなたが自分の強みと弱みを分析し、次に取るべき行動に生かす手伝いをする。自分の知らないことは率直に認めたうえで、それに対してできることを考えろ（おれがコートに出て、ＮＢＡの最優秀選手ジェームズ・ハーデンにジャンプシュートのやり方を教えるわけじゃない）。

本書では、おれがビジネスで使ってきた単純かつ明快な戦略と考え方を紹介していく。あなたにもまったく同じように活用できることばかりだ。ビジネスの世界に足を踏み入れたばかりの人でも、ベテランでも、目の前の壁を打ち破って進むうえで、その戦略は役に立つだろう。

各セクションの終わりで、要旨を箇条書きにまとめている。「ティルマンの教え」と呼んでいるものだ。そこからあらためて内容に立ち戻ってもいいだろう。

最後に、「私の知るティルマン」を加えた。友人たちがそれぞれの視点で、おれの人となりや、成功をつかむためにおれがやってきたことについて語ってくれている。

この本は教科書ではない。好況のときも不況のときも変わらずにおれが使ってきた戦略や考え方を紹介するものだ。後で触れるが、おれにもこの世の終わりじゃないかと思えるほど苦しい時期があった。ここであきらめたほうが楽だ、というときに踏ん張ってこられたのは、本書で紹介する考え方を常に頭に置いていたからこそだ。

その基本的な考え方が、おれを成功に導いてくれた。ビジネスの世界にはアカデミー賞もグラミー賞もプロボウル（NFL（米プロフットボールリーグ）のオールスター戦）もないが、フォーブス400はあるし、おれの名前も載っている。つまり、あなたのビジネスがなんであれ、成功をつかもうとするなら、おれの考え方や戦略は必ず役立つということだ。ビジネスで金を稼ぎたいのなら、この本を読め。

おれは成功をつかんだ。それでも、困難に見舞われないよう、今も毎日歩き回っている。小さなトラブルならともかく、大きな痛手を甘んじて受けるつもりはない。

あなただって同じだろう？

だから、できるだけ親しみを込めて、こう言わせてもらう。「黙っておれの話を聞け！」

さあ、始めようか。

第1章

ホスピタリティー

（「もしスクランブルエッグを注文されたら……」）

成功した会社はすべて、ホスピタリティーをその中心に置いている。

問題はそれを分かっていないやつが多いということだ。分かっていると言うなら、十分な注意を払っていないんだろう。

あなたのビジネスが成功するのも失敗するのもすべて、ホスピタリティーにかかっていると言ってもいい。第1章では、ホスピタリティーとは何か、なぜビジネスにとってそれほど重要なのか、そしてホスピタリティーの実現をあらゆる方面から妨げる障害の取り除き方について話そう。

1 ホスピタリティーが勝敗を分ける

あなたにも一度は経験があるだろう。そう、あのブチ切れそうになるやつだ。つまり、よくあるってことだ。本当にしょっちゅう。

午前11時2分。あなたは重要な会議を終えた直後か、あるいは空港に着いたところか。いずれにしても、レストランに入った。そしてスクランブルエッグを頼んだ。おそらく、店員から次のセリフのいずれかを聞かされる。あなたの場合はどれだっただろう。

「すみません、朝食メニューは11時で終わりました」
「卵料理は朝食の時間帯にしか出せません」
「キッチンがランチの準備に入ってまして」
「あと15分早く来ていただければ……」

誰がどう言おうと同じだ。答えはたったひとつ――おあいにくさま。

最初に言ったように、誰もが経験することだし、やはり、こんな仕打ちを受ければ腹が立つに決まっている。こっちは何もワッフルだのパンケーキだの、さらにはエッグベネディクトだなんて言ってるわけじゃない。ベーコンをつけてほしいとも頼んでいない（おそらく、昼のクラブハウスサンドイッチに入れる分はもう調理台に出ているはずだが）。キッチンにいる誰かに、フライパンをつかんで、火にかけてもらい、卵2個をスクランブルにしてほしいだけだ。それなのに店員は、中国からシェフを呼んで北京ダックを一から用意しろとでも言われたような顔をしてこっちを見ている。

あなただって、フライパンに卵をぶち込んでくれるだけでいい、と掛け合うくらいの抵抗はしたことがあるんじゃないだろうか。あるいは肩をすくめてランチメニューを頼んだか。

その店をあきらめて、他を探そうとしたかもしれない。

なぜなら、このたぐいのことは絶対に起きちゃいけないんだ。絶対に。

でも実際には起きている。しょっちゅう、いたるところで。何か大事なことを聞きたくて工具店に電話したら、誰も手が空いてないから「かけ直してください」と言われる。ほしい財布があって、百貨店で在庫をたずねたら「ありません」ですまされる。別の商品を薦められるでもない。単なる「ありません」だ。

数分だけ医者をつかまえて検査結果を聞こうとしようものなら「予約してください」。おれに言わせれば、どれもホスピタリティーの問題だ。顧客サービスとホスピタリティーこそがすべてだ。業種は関係ない。

おれにとって、ホスピタリティーの定義はシンプルだ。顧客にどう応じるか。それ以上でも以下でもない。相手をどう扱い、依頼にどう対応するかだ。柔軟に対応しようとする能力（と意志）の問題だ。顧客と話をするときの究極の目標は、相手に、あなたの世界でたったひとりの顧客であるかのように思ってもらうことだ。なぜかって？　おれがいつも従業員たちに言っているように、顧客の代わりはいないからだ。

聞け！

ホスピタリティーの出発点は、顧客への話し方だ。特別なことばや魔法の文を覚える必要はない。**ルールは簡単――すべて相手の立場に立って会話すること。**相手が何を必要としているのか、あなたの商品やサービスを買うことによって、その人はどうしたいのか、話してもらうんだ。不満があるというなら、聞け。彼らは何より話を聞いてほしいからだ。**彼らに自分は唯一の顧客だと思わせたいのだから、そのように行動しろ。**その顧客に対応している間は、他の誰も、何も、一切関係ない。

もっと大ざっぱに考えてもいい。おれが毎日口にしている言葉を教えよう――気配りするのはタダだ。

考えれば分かることだ。経営者として、起業家として、顧客の一人ひとりに誠実に接したら金がかかるのか？　そんなわけがない！　親切にして損などしない。だが、同じ文脈で、逆の言い方もできる――不誠実な対応をすれば、大きな代償を払うことになる。

誠実であることがビジネスの観点から道理にかなっていると頭で理解してはいても、なかなかそのとおりに行動できないときはあるだろう。今朝家を出る直前に、配偶者かパートナーから頭にくる言葉を投げつけられたとか。日常生活で悩みを抱えているせいで、自分が担当する顧客の一人ひとりに対してどうしてもていねいに、快活に振る舞うことができないとか。

「プラッピーになれ」

そんな人たちへの、シンプルな答えがこれだ――プラッピーになれ。

プレイとハッピーをくっつけたおれの造語だ。今どれほど腹を立てていようが、どれほどの悩みを抱えていようが、仕事が始まったら全力で気持ちを切り替えて、ハッピーな気分を出していけ。

これは、おれが関わるすべてのビジネスで適用している基本ルールだ。おれの会社に一歩でも足を踏み入れたら、そして一緒に働くことになったら、必要とあらばプラッピーになれ。理由のひとつは、さっきの続きになるが、たとえあなたの飼っている犬が大切な300ドルの靴に歯形を付けようと、仕事帰りに子供の学校へ寄って校長と会わなければいけなかろうと、誰も知ったことじゃないからだ。それが現実っていうものだ。

基本ルールにしているもうひとつの理由。それは、顧客にとっては体験こそがすべて、ということだ。おれたちの仕事はホスピタリティー・ビジネスだ。ホスピタリティーが発揮できているか、つねに意識しておく必要がある。

どんな職種であれ、あなたがやっていることもホスピタリティー・ビジネスだ。

ホスピタリティーのもうひとつの側面は、最後まできちんとやり抜くことだ。仮にあなたが依頼された品物を13日の3時に届ける約束をしたなら、その日時ちょうどに配達するんだ。直前になって予定より3日遅れそうだなどと電話をするな。もっとひどい場合、配達時刻をすぎてから、さらに遅れそうだと連絡してくるやつまでいる（顧客にすれば言われなくても分かってるって話だが）。

それと同じくらい重要なこと。遅れる言い訳をするな。配送ドライバーの子供が病気になって学校まで迎えに行く必要ができたとか、どうでもいい話だ。おれは意地悪したいわけでも、冷たくしているわけでもないが、あなたから品物を買った顧客にとっては、あなたの義理の母親が亡くなろうが知ったことじゃないんだ。

もちろん、子供が病気になったらおおごとだ。義理のお母さんが亡くなったのならお悔やみを申し上げるしかない。だが、もしおれが顧客で、品物の配達はこの日時だと聞いていたら、おれの関心事はただひとつ、予定どおりに届くかだけだ。しかもそれは、おれにとってはとても重要な品物かもしれないのだから。

子供はいつ病気にかかるか分からないし、親族や大切な人たちもいつかこの世を去る。プライベートな問題は毎日のように起きてしまう。あなたも分かっているはずだし、おれだって分かっている。それでも、顧客と交わした約束は、そういった問題やしょっちゅう出くわす予想外の出来事に影響されてはならない。日々の生活に遮られなければ、ビジネスなんて今よりずっと楽だろう。でも邪魔は入るということだ。

この問題への対処法はシンプルだ。いくつかの想定されるシナリオ、つまりホワットイフ（不測の事態）を計画に織り込んでおくことだ。顧客と約束したら、何かがうまくいかないとか、別の出来事が発生するとか、とにかく途中で邪魔が入る可能性を考慮しておけ。最悪のシナリオを想定しろ。そのために数時間、あるいは数日間の余裕を見込んでおくんだ。

ひとつの方法として、おれは自分のスケジュールを慎重に組んでいる。ふだんはあまり先まで予定を入れない。２、３週間か、せいぜい1カ月までというところだ。そうしておけば、その期間中に想定外のことが起きても、違う対応を考えるだけの時間的な余裕がある。当初の予定は明確だし、しかもそこから柔軟に変えやすい。

そうすれば、ウィンウィンの結果に持ち込める。品物を予定どおり届けられ、うまくすれば顧客に予定より早く配達できる、と連絡できるかもしれない。

逆にもし、納品予定を伝えたときに遅すぎると言われたら、そうなる理由をきちんと伝えるのは今だ。これは言い訳じゃなく、説明だ。顧客の立場からすれば、なぜ納品にそれほど時間がかかるのかを説明されたほうが、配達が遅れた言い訳を後から聞かされるよりも受け入れやすい。言い訳というのは、配送の約束を破ったことへの許しを求めることだ。

全体の目標としては、顧客に自分は特別扱いされていると思ってもらうことだ。そうなれば次も注文してくれるかもしれないし、あなたのサービスの素晴らしさを周りの人たちに話してくれるだろう。

もちろん、いつも予定どおりに物事が運ぶわけではない。配達が遅れるかもしれないし、メニューにあるものが相手を満足させられないことだってあるだろう。そのときには、顧客に対してそのつまずきを埋め合わせることが、何より重要だ。

おれのビジネスでは、多くの判断を現場に委ねている。たとえば、5人グループがディナーを楽しむテーブルで、そのうち1人の食事が出るタイミングが他の4人より10分遅れたなら、その1人分を無料にするかもしれない。おれたちのホテルやリゾートに泊まって嫌な体験をした人がいたら、無料宿泊券を渡すかもしれない。そうすれば、自分たちは物事の正し方を知っているということも相手に伝えられる。

ただしこれは、バランスが求められる作業でもある。先方が50ドルの買い物に不満を持ったからといって、その埋め合わせに３００ドルもかけたりしない。バランスが崩れるだけじゃなく、過剰な謝罪だからだ。自分の過ちを正すために、うかつに実際の規模とかけ離れた取引をしてはならない。

さっき話した内容ともつながる。顧客には、あなたなら話を聞いてもらえるという安心感を持たせろ。あなたの方から質問し、その答えに沿って行動しろ。問題がモンスター化する前に、できるだけ早くその芽を摘み取れ。

もうひとつ、覚えておくといい。不満を募らせた顧客が理不尽な言動に出る場合もある。レストランに入り、ステーキを平らげてから、焼きすぎだったと文句を言ってくる人たちはいるものだ。

まずは誠実に、敬意を持って対応しろ。あなたがその顧客にどんな印象を持とうが、それは別の話だ。次に、その顧客がステーキを食べ終えているという事実を話せ。もう少し早く言ってもらえれば、たとえばステーキを別の料理と取り換えるなり、何か対応できたかもしれないと。だがその客が食べ終えてしまった以上、こちらとしては、そのステーキに問題がなかったと見なすしかない。つまりこういうことだ。あなたは、自分たちに打てる手がないことを説明しろ。そしてその間も、バランスの取れたていねいな対応に努めるんだ。

それは顧客にノーを言っていることになるかって？　ある意味では、なる。この場合はしかし、それが率直で、ビジネス感覚的に唯一の道理にかなった対応だ。

「ホワットイフ（不測の事態）に備えて、スケジュールに余分の数時間か数日を組み込んでおくんだ。もしもおれが誰かに、ある品物をその日に配達すると言ったら、おれは絶対に届ける。その顧客に、自分は特別だと思ってもらうために」

ビジネス感覚といえば、この項のはじめに話したスクランブルエッグのエピソードにホワットイフを当てはめてみよう。店として最善なのは、顧客が遅く入店しても対応できるよう、キッチンで卵を数個といくつかの朝食アイテムを取っておくことだろう。スクランブルエッグの代わりにキッシュをつくり置きしてもいいんじゃないかな？　もっとシンプルでもいい。あなたが給仕に注文した。キッチンのスタッフがフライパンに卵2個を入れた。同時にトーストを2枚焼いた。どうだ？　卵とトーストの朝食セットで25ドル請求されるかもしれないが、あなたはそれがほしかったんだ（金額の問題じゃない、とにかくスクランブルエッグが食べたいだけだ！　と叫ぶ人は、案外多い）。

何より重要な点は、ホワットイフ戦略、あるいは柔軟な現場対応を通じて、顧客に、自分は特別な存在だと思ってもらえたことだ。そしてそれこそが、ホスピタリティーのもっとも重要なゴールになる。

ただし、自分がビジネスパーソンだということも忘れるな。一方で顧客には絶対にノーと言わず、他方では自分の行動がビジネス上の理にかなっていなければならない。そのことを頭に叩き込んでおけ。あなたは利益を生むために仕事をしている。顧客が時間外にスクランブルエッグを頼んだなら提供し、余計に手間がかかった分は請求しろ。夜の８時にスクランブルエッグを頼まれたら、それに見合う請求をするんだ。単なる品物の配送だけでなく、優先的な配達や家での据え付けまで依頼されたら、賢明に対応しろ。それが顧客を幸せにするだけじゃなく、ビジネスパーソンとしての自分も大切にすることになる。

ここでひとつ重要なポイントが浮かぶ。どんな商品であっても、並外れて優れているわけではない。競合する商品と比べて完全にアタマひとつ抜け出ていることなど、そうあるものじゃない。あなたは素晴らしい商品を売っているだろう。だが、他の数多くの同じように素晴らしい商品と競うことになる。それがビジネスの現実だ。

ならば、その競合する商品とどこで差別化すればいいかというと、それがホスピタリティーだ。顧客のニーズとウォンツに24時間年中無休で耳を澄ます。同じような２つの商品が、ひとつは約束どおりの時間に配達され、もうひとつは１日遅れて配達されたなら、顧客はどちらを覚えておくかという話だ。

ホスピタリティーこそ、あらゆるビジネスに不可欠な要素だ。あなたが医者であったとしても同じことだ。患者にきちんと接し、上手に対応すべきだ。どの医者に行こうが、同じインフルエンザの予防接種を受けられる。それならば、あなただって注射のときにリラックスさせてくれる医者に、次もかかりたいと思うだろう。

先日、定期的にセラピーに通っている人と話す機会があった。治療は毎回ぴったり3時までで、終わるとすぐに部屋から出されるという。今セラピーに通っている人のほとんどは、この融通が利かない時間設定を、自分も同じだと思ったんじゃないだろうか。気分はどうですか？　そう、それはよかった。では窓口に並んでお支払いを。次の方！　立ち止まらないで、どんどん進んで！

仮にそのセラピストが少し余裕をもたせて時間を設定し、相手が希望する場合は時間をそこまで使うと決めたとしたらどうだろう？　あるときは7分延長、別のときは3分。1時間予約したマッサージ師が、フルに60分間使ってくれたらどう思う？　50分たった時点で扉を指さされたり、予定時間を5分すぎてから始まったりするのではなくてだ。

時間を延ばした分だけ効果は上がるのか？　もちろん上がるかもしれないが、大事な点はそこじゃない。患者が、このセラピストは自分のことを真剣に考えてくれている、と思えるかどうかだ。毎回決まった時間に部屋から放り出されたりしない、自分に対して親身になってくれて、必要なら多少の時間は延ばしてくれる、と思えるかどうかだ。

それをホスピタリティーという。患者に、自分などその他大勢だと感じさせないことだ。

聞け！

ホスピタリティーの原則は、業種を超えてあらゆるビジネスに当てはまるだけじゃない。ひとつの会社内でも、**あらゆる職種に適用される。**会社で働く**すべての従業員は、自分の職域に関わらず、**他の全従業員と同様に**ホスピタリティーを発揮すべきだ。**

どういうことか。あなたがディナーを食べようとレストランに行ったとする。すぐにテーブルに案内された。慇懃《いんぎん》でよく気のつく給仕にサービスしてもらった。食事はデザートまですべておいしかった。十分に満足した。さあ帰ろう。

ところが、車に乗ろうとする時点で、それが見事にぶち壊されてしまう。駐車係に別の車のキーを渡された。あるいは、駐車係が車の保管場所を忘れて、店の前につけるまで16分もかかった。あるいは、目の前に来た車を見たら、なかったはずの傷が運転席側のドアについていた。

いずれにしろ、その瞬間にさっきまでの楽しい記憶はすっかりどこかへ吹き飛んでしまうだろう。おいしい食事と気持ちの良いサービスを受けた後で、駐車係のサービスに腹を立てながら家路につくはめになろうとは。

だがこうした場合、その楽しかった記憶は本当に吹き飛ぶしかないんだろうか？　いや、ちょっと待て。問題は必ずしも駐車係のミスだけにとどまらないということだ。他には？　そのとき、総支配人は駐車係と話をしたか？　あるいは、駐車係は問題を店に伝えたか？　伝わったなら、店は状況を変えるために行動したか？　顧客に事情を説明して、さらにそれと同じくらい大事なことだが、その体験で損ねてしまった気分を少しでも和らげるためにできることはないか、聞いてみたか？

問題の発生は避けられない。大切なのは、その顧客をもう一度幸せな気持ちにするために、あなたに何ができるかだ。少なくとも、気分を少しでも和らげられるかどうかだ。こう考えればいい。火事の発生をゼロにはできない。だとすれば、どう消火するかが問われる。

同じことはどんなビジネスでも起こり得る。セラピストがいくら時間を数分延長したところで、支払うときに機嫌の悪そうな会計係に当たってしまったら、その気分も台無しだ。これらのケースは、どれもホスピタリティー・ビジネスを営むとはどういうことかを表している。そこで働くすべての人に関係し、すべての人にかかっている。ホスピタリティーとは、顧客の面倒を見ることだ。たったひとりがそれを忘れただけで、素晴らしかった体験が見事にかすんでしまう。だからこそ、問題発生に備えておけ。断言するが、問題は起きる。

ときには、自ら進んでホスピタリティーを放棄するやつまでいる。おれにとっては一番許しがたい間違いだ。

実例で説明しよう。少し前に、おれはシカゴの五つ星ホテルに泊まっていた。長かった1日の最後に、おれは数人の同僚たちとバーに下りていき、疲れをいやそうと乾杯した。皆がくつろいで飲み物を楽しんでいたときだ。バーテンダーがやって来て、俺たちに出ていくよう告げた。

どうして？　清掃スタッフがバーの掃除を始めたがっているからです。おれは耳を疑ったよ！

おれの持論として、バーテンダーとは自分のバーを愛情込めて運営する人だ。だが、そいつの発言は、おれの想像をはるかに超えていた。五つ星ホテルに泊まって、数杯飲んだ時点で、スタッフが掃除機をかけたいから出ていけだなど、想像できるかという話だ。これはもてなしなのか？　もっと現実的に考えたとしても、おれたちのいた場所だけが清掃の範囲なのか？　目の前の１杯を自分たちのペースで飲み終えるまでの間くらい、別の場所の掃除はできないのか？

この例は、ホスピタリティーがすべてに優先するという原則を、仕事仲間全員と共有することがいかに重要かを教えてくれる。あなたのビジネスでは、ホスピタリティーを中心に置け。品物を約束の時間に届けろ。空腹の顧客には、時間と関係なく食べたいものを提供しろ。シカゴのホテルで経験したケースに照らして言えば、ホスピタリティーとは、物事を自分の都合じゃなく顧客の都合に沿って進めることだ。

ホスピタリティーは、個人的な営みだ。おれは、自分が経営するレストランのひとつに行って、ナプキンなしでドリンクを渡された人、冷めかけた料理や間違った皿に載った料理を出された人を見かけたら、個人的にとてもつらい気持ちになる。まるで自分でやったことや、自分のホスピタリティーを反映したことのように思えるからだ。

もし、夜の8時におれのレストランのどれか1軒を訪ねてくれることがあれば、言ってもらえたらスクランブルエッグも出すよ。少し余計に請求するかもしれないが、それであなたはほしいものを手に入れたハッピー・カスタマーになれるんだ。

TILMAN'S TARGETS

ティルマンの教え

・業種に関わらず、ホスピタリティーを自分の目標と心得よ。

・ホスピタリティーとは、顧客に自分は特別だと思ってもらうことだ。

・約束を守れ。最後まできちんとやり抜くために、ホワットイフ（不測の事態）をプランに織り込め。

・ホスピタリティーを仕事仲間全員の共通目標にしろ。せっかくの顧客の楽しい体験を、ホスピタリティーを忘れたたったひとりのために台無しにするな。

2 自分の辞書から「ノー」を消し去れ

もう長年、おれの頭にはある疑問がくすぶり続けている。どれだけ考えてもうまい答えが思い浮かばない——顧客に「イエス」と言える場面で、なぜいとも簡単に「ノー」と言ってしまうのか?

シンプルな疑問かもしれない。それなのに、繰り返しになるが、納得できる答えは見つかっていない。

ビジネスの世界では、特に起業家や立ち上げたばかりの会社にすれば、おそらく何の苦もなく答えられる問いだ。顧客があなたに何かを頼む。あなたは「はい、できます」と言う。以上。

それなのに、さまざまな企業が、今もあらゆる方法で顧客に「できません」を繰り返している。これはかなり深刻な間違いだ。

前の項のスクランブルエッグのような単純なケースもあるだろう。11時をすぎたからつくれません、と返事してしまうやつだ。おれのホテル事業に照らせば、スーツをクリーニングして翌朝戻すように顧客から頼まれて、受付時間を30分すぎたからできませんと答えるようなものだ。

顧客への「ノー」は、「イエス」とさえ返事すれば喜んでくれたはずの顧客を怒らせる以上の代償を伴う場合もある。料理でシュリンプの代わりにオイスターを使ってくれと頼まれたらどうする？　おれは事実として知っているが、両方ともコストは変わらない。あとは手間賃を請求すればいいだけだ。「ノー」とは言うな。

「イエスと言える場面で、なぜいとも簡単にノーと言ってしまうのか？」

本当に、なぜそんなことが起きるのか、おれには理解不能だ。あるいは仕事に向き合う姿勢の問題かもしれない。昨今では顧客のほうが忍耐強くなったのかもしれない。だが、これらの問題はすべて、こうすればあっさり解決できる——自分の辞書から「ノー」の一語を消し去れ。

おれは四六時中これを従業員に説いてまわっている。顧客には絶対に「ノー」と言うな。理由は、確実にその顧客をがっかりさせてしまうからだ、という以外にも山ほどある。

聞け！

考えてみるんだ。**あなたが顧客に返す「ノー」は、**多くの場合それができないということを意味しない。**やらないという選択をしているだけだ。**

これは大きな違いだ。もちろん、本当に対応が不可能な場合もある。あなたのビジネスで、小売店に配達する予定があったのに、ひどい嵐に見舞われたおかげで地域の道路がすべて冠水してしまったとしたら。この場合は、顧客に配達の遅延を連絡しても受け入れられるだろう。誰にも天候は支配できないからだ。

一方、顧客がまったく理不尽な要求を突き付けてくる場合もある。公正を期して言うが、顧客全員が現実的な頼みごとをしてくるわけではない。ステーキを平らげた後に返金を求めてきた顧客もそれに当たる。こういう場合は「イエス」と返すのは難しい。

しかし、それよりはるかに多くのケースでは、「ノー」は顧客の依頼を受けないことに決めた、という意味だ。

前項のスクランブルエッグの例に戻ろう。顧客がスクランブルエッグを注文する。だが朝食の時間帯はとうにすぎている。給仕にもう調理はできないと言われる。

ちょっと待て。キッチンの卵は品切れか？　フライパンがすべて汚れているのか？　ニワトリたちがストライキでも起こしたのか？

そんなわけはない。完璧なスクランブルエッグをつくる条件ならそろっている。レストランが顧客に「ノー」と返事することを選んだだけだ。

信じられないかもしれないが、顧客はあなたが想像するよりもずっと敏感にその真意を感じ取ってしまう。誰かに「できません」と言われたら、実は「やりません」ということだと十分に理解している。考えれば分かることだ。あなたが顧客の立場で同じように言われたとして、その理由が彼らの能力を超えているからでなく、やりたくないからだとしたら、どう思う？

あなたは自らを悪い状況に追い込んだことになるわけだ。そもそも「ノー」と言われた顧客は、自分があなたのビジネスにとってあまり必要ない存在なんだと思うだろう。言っておくが、顧客の代わりは存在しない。しかも「ノー」を言った瞬間、間違いなくその顧客は自分がどうでもいい存在だと見なされていると感じたはずだ。だからあなたは、顧客に「ノー」と言わずにすむように努力しろ。アイスクリームの在庫が切れたら、あるいはハンバーガーのバンズでも、トマトでも、なんでもいい、何かのストックが切れたら、すぐ食料品店に走って買ってこい。高級な「和牛ビーフ」が売り切れたなら、そう伝えるしかないだろうが、近所の食料品店で仕入れられるものなら対応しろ。

「顧客の代わりはいない」

顧客の一人ひとりについて、あなたの唯一の顧客であるかのごとく接することも大切だ。「ノー」と言ってしまえば、相手は自分を顧客リストの大勢のなかの1人、番号でしか扱われない程度の存在なのだと受け止めてしまう。たったひと言の「ノー」が、相手には「あなたのことはどうでもいい」と伝わるんだ。

もうひとつ、頭に入れてほしい重要な点がある。あなたが自分の顧客対応用語集から「ノー」を消したからといって、必ずしも無条件に「イエス」と言わなければダメだ、ということじゃない。選択肢を提示すればいい。「それはできませんが、別のこれならできます。いかがでしょうか」といった具合に。顧客があなたの商品の特定の色が好きだったとして、もし在庫がなかったらそれに近い別の色を提案する。あなたのレストランで顧客の食べたい料理が売り切れていたら、翌日に来て、食べてもらえるように割引の提案をしろ。それは「ノー」じゃない。堂々たる「イエス」だ。

要するに、何ができるのかを言え。何ができないかを言うな。

それは顧客に届けるべき大切なメッセージでもある。要望どおりの対応ができなくても、別のことで相手を幸せにしたいという意志を示していることになる。そして、そのやり方を選んだのはあなただ。顧客に、自分は特別で価値ある存在だと感じてもらうために、少しだけ踏み込むことを選んだわけだ。

辞書から「ノー」を消し去れば、あなたも仕事仲間も素早い決断ができるようになる。「ノー」とさえ言えば、いろいろな意味で現状からは楽に逃げ出せるだろう。だがもし「ノー」を使わないと決めたら、即座に別の選択肢を提示すべき局面が増える。これを続けていくと、全方位的に敏感で柔軟な仕事ができるようになる（素早い決断の重要性については、後でまた話す）。

とてもシンプルな話に聞こえるだろう。そのとおり、シンプルだ。にもかかわらず、どれほど多くの優れた製品やサービスを提供するビジネスが、うっかり「ノー」を顧客にぶつけて墓穴を掘っているかを知れば、あなたもショックを受けるはずだ。だがそのことを踏まえて、顧客には絶対に「ノー」と言わない努力を一貫して続けていけば、必ず結果は表れる。

つねに「イエス」と言わなければダメ、ではない。だが絶対に「ノー」と言わない姿勢は、あなたのビジネスをレベルアップさせるための、もっとも有効な戦略になるだろう。

TILMAN'S TARGETS

ティルマンの教え

・顧客には絶対に「ノー」と言うな。
・顧客の代わりはいない。
・顧客のためにできないことと、やらないことは違う。
・「イエス」と言えない場合は選択肢を提示しろ。
・絶対に「ノー」を言わないと決めたら、あなたも仲間も素早く決断できるようになる。

3 小集団ではなくマスを狙え

起業家がハマりがちな最大の落とし穴は、自分の商品こそが世界のどこにも存在しないオンリーワン、という思い込みだ。前にも言ったが、まったく現実離れしている。

そしてこの現実離れは、成長を目指す多くの会社にありがちな別の問題も浮かび上がらせる。つまり、ニッチな商品では、世間の幅広い関心を集められない、ということだ。

もしもあなたが現状を打破してビジネスをさらに大きくしたいと願うなら、商品を小さな集団でなく大きな集団、つまりマスに向けて売れ。単純な算数だ。より幅広い層に商品やサービスを訴求するほど、より多くの顧客を獲得できるということだ。そしてそのプロセスは、顧客が望むことを実行する、というところから始まる。

ビジネスはこう動かすべき、という自分の考えに基づいて経営を行っている人は多い。飲食にしろ、サービスにしろ、何か別の要素にしろ、商品もサービスも顧客体験も、いわば自分の好みで決めているわけだ。だが大事なポイントは、自分の好みで決めてはいけないということだ。たしかに、あなたが思いついた優れたアイデア、素晴らしい商品は、あなたにとって非常に大切なものだろう。だが、大切かどうかは本質じゃない。いくらレバーが好きだからって、レバーをテーマにしたレストランチェーンをつくれると思うか？　難しいだろう。ビジネスを築くためには、マスが好むものを手掛けるべきなんだ。

顧客のフィードバックに注意を払え。彼らの好きと嫌いが、かなり多くの言葉数を費やして語られているはずだ。その思いに耳を傾ければ、あなたは潜在顧客層を自ら進んで狭めずにすむ。いやむしろ、市場シェアを最大化するための取り組みを進めることになる。

まずは、当然だが価格設定だ。あなたが自社の商品やサービスに付けている値段は、できるかぎり多くの人にとって手が届く範囲に設定できているか？　高すぎると、仮にもう少し安ければ買ってくれたはずの人たちを逃すことになる。ターゲットをむやみに小さくしているわけだ。

適正な価格レベルを見つけ出す方法はいくつもある。まず競合商品を知ることから始めろ。驚くべきことに、どれが自分の真の競合か、明確に分かっていない起業家は多い。たとえば、別ジャンルの商品・サービスであっても、直接競合する商品・サービスと同じくらい危険な競争相手になる可能性だってある。自分の潜在的な競合相手を見つけたいのなら、あなたの商品に似た商品だけでなく、その代わりに買われていく別の商品にも注目すべきだ。顧客と話す機会があったら、1分余計に時間をもらって、彼らが他にどこの売場を見たのか聞くんだ。主要な競合を無視し、侮れば、手痛い目に遭う。

次に、競合相手がどんな商品・サービスをいくらで売っているのか確かめろ。業界標準の価格帯を調べるための手立てはいくつもあるだろう。そこで判明した価格をひとつの基準にすることだ。ただし絶対視してはいけない。自社の商品にまつわる数字、たとえば製造原価や人件費、その他のコストを頭に叩き込んでおけば、競合の動向を踏まえたうえで、必要に応じて価格を調整できる。それによって、利益の拡大と顧客ベースの最大化とを同時に達成できる。

　これは、今までおれが見てきたどんな業種にも共通する悩みのようだ。起業家は往々にして、幅広い顧客層を引き付けられるレベルよりも高く値を付けてしまう。しかも、小売りに対してだけでなく卸売りが相手でも同じことをする。卸売業者は、大量に買い付けるのだからと大幅なディスカウントを要求してくる。ところが多くの場合、起業家は値引きにだけは応じようとしない。あるいは製造上の問題かもしれない――製造原価を下げれば、価格は下げられるはずなのに。あるいは、大手卸売業者が普通に求めてくる値引きに、経験不足の起業家が慣れていないだけかもしれない。

　価格設定は、検討しなくてはならない要件の、ほんの一部だ。たとえば、年齢は関係あるか？　あなたの商品やサービスは、特定の年齢層にアピールするものか？　それともあらゆる年齢の顧客を引き付けられるものか？　子供やティーンエイジャーは？　大学生や、もう社会に出たミレニアル世代（1981～96年生まれを指すことが多い）は？

　ジェンダーは？　あなたの商品は男性向けか女性向けか？　誰もが興味を持てるものか？　商品の魅力をさらに高めるために、こうした質問を重ねていくんだ。

　マスにアプローチするなら、レストランのメニュー構成を参考にするのもひとつの手だ。

当然、なかにはおれたちと違って節約志向の客は対象に含めていないレストランもあれば、子供や特定の食事制限がある人たちをターゲットに想定しないところもある。それはそれでいい。

一方で、幅広い層の客にアプローチしたいと考えるレストランは、その目標をメニューにどう反映すべきか分かっている。手ごろな価格のサンドイッチや小皿料理を、より高額な料理に加えてもいい。キッズメニューを用意すれば、小さな食事客に対応できるだけじゃなく、ママとパパにとっては出費の抑制にもつながるわけだ。グルテンフリー、ベジタリアン、ヴィーガンや他のオプションがあれば、特定の食事制限がある人たちにも足を運んでもらえる。

分かっただろう。顧客に幅広い選択肢を提示することが、商品をマスに届けるための方策だし、しかもそれは実証済みだ。

それを頭に入れたうえで、今度はあなたが提供している商品、サービスについて考えてみるんだ。顧客層の幅を広げるために、あなたが今の「メニュー」に加えられるものは何だ？　現在売っているものを無理なく補完できる、別の商品、サービスとは何だろう？　たとえば、おばあちゃんの手作りパスタ、という商品を売っているとする。別の味や具を増やせるか？　パスタにかけるおばあちゃんの手作りトマトソースのもとはどうだ？　無理のないラインナップ化を考えてみろ。

商品の種類を広げることばかりが答えではないかもしれない。あるいはそもそも不可能な場合だってあるだろう。同じ商品を、より幅広くアピールするためにはどうすればいい？　ある商品の色や素材を増やすといったシンプルなやり方もあるだろう。あるいは、同じ商品で今までとは違う用途を提案するのはどうだ？

考え方の枠を広げろ。分かっていると思うことの奥深くにまで目を凝らせ。より多くの顧客に関心を持ってもらい、注目してもらうために、現状に何かを足し、再構成する方法を探せ。

限定品や特定の客層向けの商品を売るなと言いたいわけじゃない。それはそれで構わない。だが自分のビジネスを大きくするために、売上という財政的な反応を引き出したいのなら、可能なかぎり大きな層に向けてアプローチする姿勢が断固必要だ。

なぜなら、特に起業家や中小のスタートアップ企業にとって、小さな集団でなくマスに向けて売ることが大切だからだ。マスに届くビジネスは、領域を限定するビジネスより必然的に多くの金をもたらす。

TILMAN'S TARGETS

ティルマンの教え

- 小さな集団ではなくマスを狙え。
- 自分の商品をできるかぎり幅広い層にアピールする方法を考えろ。
- 競合を知れ。
- 自分の客層を理解しろ。

第2章

財務数値の重要性

どんなビジネスにも、今後さらに上のレベルに移れるのか、永遠にもがき続けるのかを分ける、大切な要素がある——財務数値だ。

これは社員たちに強調していることで、おれも自社の数字についてはあらゆる質問に答えられる。そして同時に、起業家たちにもしつこいほど言っているんだ。おれたちは、自分のビジネスに関係する数字を客観的に頭に叩き込んでおく必要がある。

おれは、自分が成功している理由を聞かれたら、４つの要素に分けて答える。

1. 財務数値を把握している。
2. 業務の運営について理解している。
3. 注力すべき事業が分かる（ビジネスの伸ばし方だ）。
4. おれ自身が、ときとともに変わる、変わる、変わる。

そして４要素のなかでも、数字の把握が圧倒的に重要だ。

単純だが重要な理由からだ。つまり、数字はビジネスにおけるあらゆる情報を伝えてくれる。入ってくる金、出ていく金、その２つが交差する限界点。もしも財務数値をしっかりと——小数点のレベルまで——把握できていないとしたら、あなたのビジネスはまずい方向に向かう危険性が高い。

数字を覚えていないということは、ビジネスを成長させるうえでハンディを背負っているようなものだ。潤沢な手元資金がつくれないと、本来なら追及できるはずのビジネスチャンスをみすみす逃してしまうことになりかねない。あるいは、財政上の決断や関与を行った後に後悔するなんてことも。

どれほど優れた商品、サービスを持っていたとしても、それだけでは意味がない。数字を把握していなければ、あなたのビジネスは終わってしまうかもしれないのだから。

自分からそんな事態を招くようなことはするな。

4 運転資本こそすべて

あなたのビジネスに関係する数字は、当然どれも重要だ。だが、成長を目指す中小企業にとっては、特に重要な財政的現実がある。

聞け！

小規模ビジネスや起業家にとっては、運転資本がその後の成功と失敗を分けるほどの意味を持つ。

起業家のなかには、ビジネスの進め方について恐ろしいほど単純に考えているやつも多い。彼らのなかでは非常に明快な流れだ。誰かに何かを売る。代金を支払ってもらう。以上、完了。

ビジネスの流れの説明として、これではまったく不十分だ。

例を挙げて説明しよう。ある起業家が非常に美しい財布をつくったとする。スタイリッシュで、人目を引く素晴らしい品物だ。彼女はサンプルを持って、高級小売店に営業して回る。魅力的な商品なので、多くの店主がすぐに興味を持った。

「そうだな」とそのうちの1人が言う。「うちの店で売りたいから、36個仕入れよう。いつ納品してもらえるかね？」

これが問題だ。この起業家は注文が入って有頂天のようだが、実は36個分の財布をつくるのに必要な材料を買う資金を持っていない。そして、実際に36個つくって納品できたとしても、発注者の支払いはそれから1カ月かそれ以上経過してからだ。ちなみにこれは、買掛金の期間に関する最新の標準だ。

あらゆるタイプの起業家たちが同じ過ちを繰り返すのを、おれは何度となく見てきた。すぐに金が入ると思っていた彼らは、ビジネスを回していくうえで必要な資金が1カ月半たたないと入ってこないという現実を突きつけられる。

彼らに不足しているのは？　運転資本だ。おれがこれまで見聞きしてきたなかで言えば、事業の継続を断念する理由として圧倒的に多いのが、運転資本の不足なのだ。

「小規模ビジネスが直面する最大の問題は、運転資本に関係する。あらゆる支払いが先に発生するからだ」

このテーマを、少しかみ砕いて考えよう。運転資本とは、会社の流動資産と流動負債の差額だ。流動資産とは12カ月以内に現金化できる資産を指す。流動負債とは、同じく12カ月以内に返済期限を迎える経費、原価、その他の負債だ。

運転資本とはうまく名づけたものだ。必要なときにいつでもビジネスを動かせるよう、すぐに使える金のことだからだ。

会社が必要とする運転資本の規模は、多くの要素によって決まる。たとえば、メーカーには製品の原材料を調達するための資金が要るなど、ある業種では別の業種よりも多額の運転資本を必要とする。

その製品をつくるための、原材料の仕入れから代金回収までに要する期間を、オペレーティングサイクルという。サイクルが長いほど、手元で必要な現金の額は増える。オペレーティングサイクルは、さっきの話とも関連する。売上が立ったのに入金まで数週間待たなくてはならない起業家の話だ。そのギャップを埋める必要がある。

そして、ある種のビジネスについては、さらに気をつけなくてはいけない。１年のなかでも繁忙期が決まっているとか、特定の祝日に合わせて売り上げが立つといった、一定のサイクルで動くビジネスのことだ。この場合も、非常に多額の運転資本が必要になる。売り上げが増える時期には、当然それに伴う経費がかさむし、オフシーズンには次の繁忙期に向けて手元の現金を取り崩していくからだ。

クリスマスは象徴的な例だ。多くの小売ビジネスが、このホリデー期間に売り上げを大きく伸ばす。だが、その時期まで商品を蓄えておくだけの運転資本がなくて苦しむ会社が多いのが現実だ。

運転資本は成長の源泉でもある。中小企業のオーナーや起業家が新規ビジネスを拡大したいと考えるなら、多額の運転資本を必要とするだろう。一方で、そこそこのレベルに目標を設定するオーナーなら、少額の現金ですむはずだ。

だがこの問題は、多くの起業家に、さらなる成長どころか、もっとも基本的な経費の支払いすら事欠く状況になるまで見えてこない。

よく考えてみると、このゲームは不公平だと思えてくるだろう。多くの中小企業にしてみれば、自分たちは基本的な経費を前倒しで支払わなければならないというのに、顧客からの発注には同じことが期待できないのだから。そう、不公平かもしれない。だが、そういう仕組みである以上、仕方がないことでもある。

ときに、中小企業にとって最悪の事態は、突然の成功だったりする。成功とは、大量に注文を受けることだ。表面的には幸せな状態に思えるが、受注した数をつくれるだけの運転資本が手元にないかぎり、あなたを待っているのは受注残高の山と、怒りや落胆に満ちた顧客の姿だけ、ということになる。

どれほど大規模に資産を保有していても、手元の現金不足を補いきれない可能性だってある。ぴったりのケーススタディーが、あの悪名高いエンロン事件（米国の総合エネルギー会社エンロンが２００１年に起こした不正会計事件）だ。エンロンは流動資産や運転資本の不足から倒産に追い込まれた。何十億ドルもの資産を保有していたのに、それらを売却して経費の支払いに充てる暇もなくつぶれてしまった。残った資産は倒産後に分配され売りさばかれていった。何十億ドルも資産を持っていたのに、運転資本の不足で倒産したのだ。

答えは何か？　すべてのビジネスには「リボルバー」のような回転装置が必要だということだ。資金調達のギャップを埋めるために、つなぎ融資などの極度貸付枠（融資額の上限）や融資限度枠を活用するわけだ。

問題は、特に新規ビジネスにとっては、融資限度額を設定してもらい、ローンを組むのが難しいということだ。大手の銀行ほど小規模ビジネスに対する融資を減らしている。加えて小規模の地方銀行は大手に吸収され、借入先の選択肢は減る一方だ。

当事者たちの気持ちはよく分かる。ビジネスを始めた当初、おれはクレジットカードを含め、可能なかぎり多くのところから金を借りようとしていた（ひとつだけやらなかったこと。友人たちには融資を頼まなかった。友人を失っても構わないと言うのなら、頼めばいい。これ以上早く友情にひびを入れられるものはない）。

さらに付け加えれば、当時の融資環境は、ヒューストンだけでなくテキサス州全体で激動のさなかにあった。銀行が立て続けにつぶれていたため、運転資本の確保は事実上不可能だったんだ（このことは結果的におれにとって有利に働いたのだが、それについては後の項で話す）。

起業家や中小企業にとって銀行から財政的な支援を受けることはかなり難しい。新規ビジネスは、融資を受けるに値すると説得できるほど長くは事業を続けていないし、融資の担保物件も示せない。だからローンが組めなくても驚くには当たらない。貸し手の多くは、最低でも2年間事業を続けている会社にしか与信枠を設定しないものだ。

まずは、手元の現金を増やす努力をしろ。銀行融資とは別に、できるかぎり多くの流動資産を持っておくという意味で、非常に重要だ。ビジネスにおいては、業績が上がるときも下がるときもある。起業家はそのことを肝に銘じておくべきだ。下降局面に備えておけ。その間は蓄えていた現金でビジネス拡大を目指せ。だが上昇局面に来たら、次の下降局面に備えて現金を増やしておけ。

「不況の時期には、弱者をのみ込んで自分のビジネスを伸ばせ」

それは、単に生き残るための方策というだけではない。他のやつらが悪戦苦闘している間に、弱者をのみ込んで自分のビジネスを伸ばすチャンスでもあるのだ。

説明しよう。ルイジアナ州レイクチャールズは、それほど知られている市ではない。だが、おれの故郷であるテキサス州ヒューストンの人たちがカジノで遊ぶときの主な目的地だ。ヒューストンは世界の石油産業の一大集積地で、全米第４位の人口を抱える大都市でもある。おれは、レイクチャールズにカジノを保有したいという考えをずっと以前から抱いていた。地元ヒューストンの人たちはすでに、おれのビジネスの特徴が比類なきホスピタリティーにあると知っている。だからこれをカジノに持ち込めば、多様な事業が展開できると確信していたわけだ。

だが問題があった。このときルイジアナ州には賭博事業のライセンスの空き枠がなかったんだ。このマーケットに参入するのは非常に困難だろう。おれは当時そう考えていた。

突然のことだった。２０１３年5月29日、ＦＴＣ（連邦取引委員会）がある発表を行った。ピナクル・エンタテインメント社による同業アメリスター・カジノ社の買収が、地域のカジノ事業について独占禁止法違反に当たるとして異議を唱えたんだ。これを回避するために、アメリスター社はレイクチャールズに建設中のカジノを売却しなければならないということだった。他の大手カジノ会社なら、どこが引き取ってもビジネスを拡大できるのは分かっていた。おれは、そいつらと自分を差別化しなきゃいけないと思った。しかも素早く。おれが何をしたと思う？　ちょうどそのとき、おれは別のカジノを買収しようとしていた。だがその取引を打ち切って即座に自家用機に飛び乗った。当時ピナクル社のCEOだったアンソニー・サンフィリッポに会うため、ラスベガスに行ったんだ。おれは彼に、手付金として返済不要の5000万ドルを払う、と持ちかけた。もしこの取引が成立しなかったら、その金は自分のものにしたうえで別のやつにカジノを売っても構わないと言ってね。

新しいカジノ施設の建設はまだ始まったばかりで、竣工までには少なくともあと8億ドル必要なことも分かっていた。それにルイジアナ州賭博管理委員会の承認も取らなければならない。そうしたすべてのことが、取引成立の足かせになるかもしれない。だがレイクチャールズのカジノ市場に参入するためには、これが唯一のチャンスだ。おれにはそのための準備ができていた。あのとき、5000万ドルを出して自分と自分の会社に大きく賭けることができたから、この取引は成立したんだ。

供出した額を知って、みんなあきれていた。だが、おれにはそれが実行できた。手元に現金を蓄えてきたからだ。

ヒューストン・ロケッツの買収に払い戻し不能の1億ドルを積んだときも同じだった。当時、必要な融資を受けられない可能性があることを、おれは十分に承知していた。現金を蓄えることについて早い段階から手を打ってきたからこそ、地元のスポーツフランチャイズを買収するという人生の夢をかなえられた、と言っていいだろう。

聞け！

まだ、それほど大きな取引をする立場にはないって？　分かった。だが、**同じ原則はどんなビジネスにも当てはまる。つねに十分な現金を手元に蓄えておくため**の簡単なルールを教えよう。**絶対に、私生活の充実をビジネスの成長よりも優先させるな。**

もう長いこと、同じようなやつらを見てきた。まだ若い会社が急に毎月2万ドルずつ多く稼ぐようになる。事業主は、その稼ぎを自分たちのビジネスを伸ばすために使わず、新しい家や車につぎ込んでしまう。その後ビジネスがちょっと停滞し始めると、自分の生活レベルを下げないために、彼らはさらに猛烈に働かざるを得なくなってしまう。

公正を期して言うなら、おれも大きな邸宅を持っている。ボートも飛行機も所有している。だがおれは、自分が経営するすべての会社で、次に来るチャンスを生かすために必要な手元資金が準備できていることを確認してはじめて、そういった買い物をしてきた。自己資金の大半はいつだって会社に置いていた。おれはいつもみんなに金がないと愚痴をこぼしているが、ほとんどビジネスのために取っておくんだ！

だからこそおれの資産は、この30年間で４００万ドルから40億ドルになった。そのへんのやつらみたいに、金ができたからといって１億ドルでピカソの絵を買ったりしない。マリブに別荘を持ったりしない。その金で、おれはもっと多くの会社を買い、ビルを建てたんだ。

5年か6年前、おれは多額の配当金を会社から受け取った。現金で約6億ドルだ。新しい自家用機は買わなかったよ。新しい船も買わなかった。美術品も買わなかった。景気が悪くなると思っていたので、おれはその金を使わずに持っていた。その後大きな買収ができたのは、企業の価値が下がったときに現金を持っていたからだ。

「絶対に、私生活の充実を会社の成長よりも優先させるな」

これは、おれがしつこく言っていることとも関連する。何度でも繰り返す――景気が良いときには、悪いときもあるという事実を忘れがちになる。起業家が犯しやすい最大の過ちは、良いときが永遠に続くと思い込んでしまうことだ。おれはこれまで、大きな景気後退局面を3度経験してきた。備えておく、それだけが嵐を乗り切る唯一の方策だ。2008年の不況時は、おれの会社も不意を突かれ、収益は10%落ち込んだ。幸いにも、備えていたおかげでおれたちは生き延びた。次の不況に備えて、おれたちはつねに現金や融資枠を持っている。あなたも、ぜひそうすべきだ。

次に、銀行融資について触れておこう。最初にやるべきことはシンプルだ。必要になる前に融資を受けておけ。これはいくら強調してもし足りないくらいだ。銀行融資は、受けられるときに受けるべきと心得ろ。景気が良くて目の前のビジネスが順調なら、普通は融資を受ける資格を得やすいはずだ。そのほうがより良い融資条件を引き出せるし、避けられない景気後退局面がやってきたときに、すぐ手の届く範囲に現金を持っておける。

さらに、自分のビジネスが好調なときに融資を申請すれば、貸し手が求める要件を満たすために、あなた自身が経営努力を重ねることにもつながる。キャッシュフローを黒字化させ、堅実かつ継続的な収入や利益を稼ぐなど、いろいろあるだろう。

聞け！

やみくもに銀行を訪ねて金が必要だと訴えるな。融資の受け方を分かっている人間として、**綿密なビジネスプランを携えていけ。**現状の包括的な概観、具体的に言えば融資を受けたい理由と、今後の計画が描かれた戦略を先方に伝える必要がある。そのときに、将来の見通しを30日後までしか描かないような愚を犯してはならない。少なくとも今後1年から3年の計画を示せ。**期間が長いほど、そしてプランが細部にわたるほど、貸し手は好意的に内容を吟味してくれる。**

あなた個人の信用状況にも注意を払っておく必要がある。あなたのビジネスがまだ新しくて、ほとんど信用度を積み重ねていない段階では特にそうだ。多くの銀行が事業資金の貸付に際してもっとも重視するのは、事業主個人の信用度なのだから。それを最大限高めておくためにも、支払いは必ず期限内にすませ、個人のクレジットカードや与信枠を使った借り入れは最小限にとどめておけ。

おれがよく言うのが、張り切りすぎて妄信するなということだ。仮にあなたが銀行に示した事業シナリオが、現実味に乏しければ、いくら現金を獲得したところで倒産してしまう可能性があるからだ。目標が強引すぎて達成できない、つまりローンを返せなくなってしまう、ということだ。

おれのやり方はこうだ。あなたにも同じやり方を勧める。どんな戦略を描くときも、どんな取引においても、おれは必ず最良のシナリオ、現実的なシナリオ、最悪のシナリオを用意する。それができていれば、リアリティーのある数字に基づいているかぎり、銀行には最良のシナリオを提示してもかまわない。

ただし、これを行うためにはいくつか守るべき点がある。まず何より、絶対自分にうそをつかないことだ。数字の上で最良のシナリオが成立しないのに、いくら金が必要だからといって無理やり自分を納得させてはならない。最良のシナリオは、実際に成立する確信が持てたときだけ使え。そうでなければ、あなたは自分のビジネスを崖から投げ捨てるも同然になる。

それから、最悪のシナリオをつくる意味を過小評価するな。それは、何かが、あるいはすべてがうまくいかなくなってもビジネスを継続できる、という自信を失わないためだ。最悪のシナリオが現実になったとき、あなたはどうする？　誰だってなんとかなると思いたい。だが、物事が悪い方向に向かっているときに、どの数字を見なければならないのか覚えておくんだ。想定の半分しか数字が上がらなかったら、どうする？

最悪のシナリオは、他人に見せなくても構わない。結局のところ、あなたは金がほしい。ただその過程で、数字がそう言っていないのに、あるプランを実現できるなどと自分を無理に納得させ、自分に（あるいは銀行に）うそをつくな。なぜかって？　なぜなら遅かれ早かれ、最悪のシナリオは実現してしまうからだ。そのときに自分が生き延びられるのか、あらかじめ分かっておく必要がある。何かをやれば、８割がたは最悪のシナリオどおりになるだろう。最良のほうじゃない。だから、その場合でも確実にビジネスから撤退せずにいられる方法を考えておけ。

融資を断られたり、与信限度が設定されなかったりしても、あきらめるな。もしまだ持っていないのなら、法人用クレジットカードをつくることだ。そうすれば必要な資金を一定程度まで借りられるだけじゃなく、責任ある使い方を重ねることで、時間とともに会社の信用度も上がっていく。そうなれば、あらためて銀行融資を申請したときに役立つかもしれない。

どんな状況や環境においても、運転資本がすべてだと心得ろ。すぐに使える現金を持たずにビジネスを行うなど、日々危険な火遊びに手を出しているのと一緒だ。

それは、おれがニコル・ディ・ロッコに対して抱いていた懸念でもあった。おれは、デザイナーである彼女が立ち上げた水着ブランドの「ニコリタ」を、自分がホストを務めるテレビ番組、〈ビリオンダラー・バイヤー〉で取り上げたことがある。個性的なデザインの水着をつくっているニコリタは、一時期デパートにも商品を卸していたが、それは結局ダメになってしまったんだ。店側がニコリタに、条件をネット90に変えるよう再交渉を求めたからだった。要するに仕入れから90日後に支払う、という意味だ。ニコルには、その間を埋めるだけの資金の手当てがなかった。

幸いにも、彼女はおれの話を聞いてすぐ、自分のビジネスを成長させるためには運転資本が必要だと気づいてくれた。そしておれが番組で彼女を取り上げている間に、彼女は90日間を乗り切れるほど大きく与信枠を広げることに成功した。それによって、彼女は別の成果もあげた。おれが経営するリゾートに17万5000ドル相当の水着を卸す他、小売りも行うことが決まった。すべては彼女がすぐに理解したからこそ成し遂げられた。小規模ビジネスを伸ばすためには、運転資本がすべてだということを。

TILMAN'S TARGETS

ティルマンの教え

・あらゆるビジネスに運転資本は不可欠。

・融資と与信は、手元に現金を持つための2つの優れた手段である。

・景気が良いときに、必要がなくても融資を受けておけ。

・最悪のシナリオをつくり、取っておけ。すべてが悪い方向に転んでもビジネスを続けられると確認するために。

5 オフィス賃借の落とし穴

起業家が会社を立ち上げるときに、まずは一般的な諸項目について検討する（べき）だろう。製品、製造、人件費、マーケティング、その他もろもろ。

もちろんどれも大切な懸案事項だ。だが実は、多くの起業家が見落としがちなもうひとつの要素がある。不動産の賃借だ。

聞いただけでは、さほど重要ではないように感じるかもしれない。結局、不動産はビジネスを行う場所というだけなのだから。目的にかなうオフィス物件が見つかるなら、他に何を気にする必要があるかって？

それが、いろいろとあるんだ。

前項で話した問題を思い出してほしい。起業家が将来設計をするときには、こうあってほしいという超順調なプランを描きがちだ。完璧かつ圧倒的な成功というやつだ。ビジネスの歴史で、これから始まる旅がスムーズに進み、花開くことに100％の自信を持たない起業家など、ほとんどいなかったんじゃないだろうか。

だがそのときには、なんらかのプランBを立てておくことに、同じくらい価値がある。

うまく事が運ばなかった場合の計画だ。繰り返すが、そのプランは他人に見せないことにして何の問題もない。大切なのは、何かのはずみであなたのビジネスが苦境に陥り、もっと悪ければ生き残りに失敗しそうなときに、さまざまな要素がどうなるのか想定しておくことだ。

ここで賃借不動産が関係してくる。必ずしも良い形ではなく。ビジネスが苦戦を強いられ、あるいは完全に行き詰まった結果、あなたが継続を断念すると決断したとき（おれに言わせれば、多くのビジネスがあまりに早すぎる時点であきらめてしまっているが、それについては後で触れる）、そのビジネスのために借りていたオフィス物件はどうなる？

もしもあなたが先を見越して手を打っていなければ、賃料を払い続けるはめになる。起こり得るパターンだ。

考えてみるといい。比較的安い物件を借りていたとする。たとえば月５０００ドルで５年契約だったとしよう。仮に状況が悪化して事業を畳まざるを得なくなったら、すべてがそこで止まるわけだ。賃料の支払いを除いて。ビジネスを2年間続けてから休業したら、最長であと3年もの間、毎月５０００ドルずつ払い続けなければならない。休業から長い期間が経過しても、まだ大家が次のテナントを見つけられなければ、延べ18万ドルに上る出費だ。

多くの起業家が見落としているのは、賃借料が銀行ローンにも匹敵し得る、という事実だ。何がどう転んでも、あなたには借金が残ってしまう。そして銀行が、この場合は大家だが、あなたに確実な返済を迫るだろう。

下手に自分の債務の支払いから逃れようとするのは危険な行為だ。あなたの大家も、他の貸し手と同じように訴訟を起こし、あなたが保有している他の資産を差し押さえにかかるはずだからだ。あらゆる資金の貸し手と同様、彼らにも当然その権利がある。賃貸借契約にサインするのは、約束手形にサインするのと同じことだ。その契約書に名前を書いた時点で、あなたはその賃借に関する債務を自分が支払うと請け負っている。

言うまでもないが、この状況は今後何年にもわたってあなたの財政を縛り続ける。たとえば、あなたが自宅とは別の場所で営んでいたビジネスを畳んで、自宅や家のガレージで辛うじて継続する。それでも、あなたはもう使ってない場所の賃料を払い続ける責任を負っているわけだ。古いビジネスはあきらめて、まったく新しい何かを始めたい？　あなたはそれを、債務という荷物を背負ったままで進めることになる。しかも、往々にしてかなり重い荷物を。

支払いの負担から自分を守るため、賃借期間にも注意を払うべきだ。まず、あなたが比較的新しいタイプのビジネスを始めようとしているなら、長期間の契約を結ぶのは良くない。ビジネスがうまくいかない場合でも、賃借期間が長いほど、債務期間も長いということだからだ。自分を守る観点から、一般的には契約期間が短いほどいいと言えるだろう。

当然、貸主は短期契約が好ましいとは思わないはずだ。賃料収入をできるだけ途切れさせたくないとすれば、可能なかぎり長い期間で契約したがるに決まっている。

聞け！

幸いにも、状況が必ずそうなると決まったわけじゃない。だがそれには、**署名欄に自分の名前を書く前に、いくつかの戦略を頭に入れて臨む必要がある。**まず、契約書にこういう条項を入れられないか交渉しろ。賃借開始から半年か1年が経過した時点で、ビジネスにおける収益があなたの計画に届いていなかった場合、**こちらから解約できるという条項**だ。

途中解約に関する別の条項を加える手もある。つまり、ビジネスを続けてもさまざまな経費の支払いが賄える収益を出せないと判断したら、違約金を払ったうえで解約できる、というものだ。**ただしこれは、過剰な負担になり得る、**というマイナス面もある。たとえば残りの賃借料1ドルにつき50セントの追加支払いに相当する場合もある。これはそのときの不動産市況にもよるし、大家が次のテナントをすぐ見つけられる自信がどのくらいあるかにもかかっている。

これについては、契約期間のオプションを加えるといいだろう。たとえば、2年契約にして満了時に2年とか3年の更新が選べる条項だ。あなたにとっても家主にとっても、判断に柔軟性を持たせてくれる条件だが、たいていの場合、先方は更新契約について賃料の値上げを主張してくると思っておいたほうがいい。

もしあなたがこの更新オプションを盛り込みたいのなら、自分に有利になるように交渉しろ。つまり、更新を判断できる主体が借り手だと明確にすることだ。そうすれば、あなたが契約書に書かれた条件を変えずに更新したいと言えば、家主は従わなければならない。

別の戦略としては、これもオプションとして、あなた自身が支払いで行き詰りそうな場合に、その物件を別の誰かにサブリースできるようにしておくといいだろう。これができれば、その誰かがあなたの賃借条件を有効に引き継いでくれて、あなた自身はそれ以上の財政的な責任を免れる。後から問題にならないよう、新しいテナントが財政的に問題ないかぎり、家主が不当に入居を拒否できない旨を書き込んでおくんだ。

もちろんどれも、契約書に署名する前にあなたが適切な注意を払っておくべき事柄のごく一部にすぎない。類似の物件を複数調べて賃借料の一般的なレベルを把握したうえで、良い物件を選ぶことも大切だ。また賃料に付随するさまざまなコストについても理解しておくこと。賃料値上げの可能性に言及した項目があるかどうか。光熱費やその他費用に関する借主の負担はどうなっているのか。きちんと読み込め。

最後に、経験豊富な不動産専門の弁護士に依頼するのは、悪い考えじゃない。そうすることで、あなたが借りたオフィスを無駄な負債にせず、ビジネスの価値ある構成要素にできるかもしれない。

TILMAN'S TARGETS

ティルマンの教え

- 賃貸借契約を途中で解除する方法を盛り込め。途中解約条項、サブリース、いろいろなオプションを検討しろ。
- 一般論として、短期の賃借を目指せ。借り手に選択権がある更新条項付きが理想だ。
- 賃借に関連するすべてのコストを把握しろ。
- 商業不動産の経験豊富な弁護士に依頼して、自分にとって最良の賃貸借契約条件を引き出せ。

6 数字を頭に叩き込め

おれがホストを務めるテレビ番組〈ビリオンダラー・バイヤー〉、それに本書の内容や扱っているテーマを見てもらえば分かるとおり、おれは起業家と仕事をすることを、おおいに楽しんでいる。彼らにはビジョンがある。勇気がある。自分のアイデアや製品に深く献身している。そして、周りのやつらが白旗を上げるような厳しいときでもあきらめずに進んでいく気概がある。

それでも、不満を感じる部分はある。数字を把握していない起業家は、おれを猛烈にいら立たせる。

本当に腹立たしいことだ。

数字というのは、経営に関係するあらゆる数字のことだ。資材費。製造費。人件費。販売費。マージン。別に内容の説明をしたいわけじゃない。おれの言っていることは理解できるだろう。分からないなら、まず自分で調べろ。

「自社の財務数値を覚えておけ。数字はうそをつかない」

あなたは起業家として、その数字くらいは確実に頭に入れておくべきだ、とは理解できるだろう。だが、これまでさまざまなタイプの起業家たちと取引をしてきたおれとしては、財務数値を熟知しているやつのあまりの少なさに驚きっぱなしだ。

最初に言っておく。ビジネスに関する数字は、会社の生命線だ。あなたのビジネスがどこを通ってきて、今どこにいて、おそらくもっとも重要なこととして、どこへ向かおうとしているのかを教えてくれる。あなたのビジネス全体をもっとも正確に読み解く、唯一かつ何よりも貴重な情報ソースなのだ。

数字を把握しないままでいると、必要なところに注意が向かないうちに多くのことが動いてしまう。

仮にごく基本的な数字は知っていたとしても、必要な水準で理解していなければ、やはり同じことだ。おれの立場から言うなら、起業家はそれぞれの数字を小数点のレベルまで知っている必要がある。たとえば、光熱費は全体のぴったり4％なのか。もうひとケタ、小数点第1位まで知っていたら、毎月末に改善すべき箇所が見えてくるかもしれない。

そういった具体的な知識があれば、自信を持って決断をするための正しい情報武装ができる。特に判断が難しい局面においては。

おれは、自分のビジネスに関するすべての数字を、継続して毎日完璧に理解する、という作業を自分に課している。日々の優先業務として予算も立てている。週間と月間の両方だ。収益性の観点から、自分たちが何をしているのか常に知っておくためだ。ひとつひとつのビジネスについて、自分で「速報」と呼ぶ日報までつけている。この速報は、自分が今どのあたりに立っているのかを見極めるうえでもっとも重要な情報を提供してくれる。日々のパフォーマンスを財政的観点から知ることは、商品の販売と同じ重要性がある。

あなたも同じことができるし、必ずやるべきだ。今月の賃料をいくら払っているのか、自分の給料、売上原価、その他の営業経費はいくらなのか、といった支出項目をしっかり頭に入れて、収益と並行して定期的にチェックしろ。収益が支出を上回っているかぎりは、金をもうけていることが分かるし、予算どおりかどうかも確かめられる。シンプルだが、成功の大きな要素だ。

月末に締めて30日や45日が経過してから、いきなり損失だったと分かって驚きたくはないだろう。あなたはつねに、５から10％の誤差の範囲で自分の現在地を正確に把握しておくべきだ。

数字の把握は必須だ。業績の良し悪しとは関係ない。数字は詳細なほど良い。ビジネスが上向いているのなら、収入と支出のすべてについて、細部まで記憶しておけ。在庫の数量、間接費、スタッフの人数、資材などの数字を具体的に覚えていないようでは、ビジネスを次のレベルにまで飛躍させることが、その分だけ難しくなると思っておいたほうがいい。つまり健全な判断ができない。正しい判断を、素早く行えない。大きなチャンスをうっかり逃してしまうかもしれない。目の前の数字をもってそのチャンスをつかめるのかどうか、正しく分からないからだ。

もちろん苦戦しているときも、数字は極めて重要だ。具体的な情報を持たなければ、何が自分のビジネスの足を引っ張っているのか特定できない。もっと悪いのは、ビジネスの特定要素が問題だと判断した後になって、実は数字をきちんと把握していなかったがゆえに間違った部分を指摘していたと気づくことだ。

それならば、その誤りにいつ気づくのか？　たいていは、あなたがビジネスをあきらめて大家にオフィスの鍵を返すときだ。

数字を徹底的に把握しろ、と言うとき、実はその数字だけについて言っているわけではない。数字そのものが適正値かどうかを見極めるために、より大きな視点から眺めてみることも大切だ。

これについては、前の項で一度触れている。もっとも好条件のオフィス物件を探す、という話だ。一定面積あたりの家賃相場を把握しておくことが非常に大切だ。それによって、条件の良し悪しも判断できる。あなたがオフィスを構えている町や市で、賃料が割高なエリアはどこになるのか？

他の数字についても同様だ。人件費は一定の範囲に収まっているか、確かめろ。光熱費は特定の額を超えてはいけない。こうした枠を設けることによって、どの費目が健全でどれを真剣に調整しなければいけないのか、幅広い視点で見られるようになる。

数字を知る、ということは、相手の説得を試みる場面でも決定的な意味を持つ。銀行などの貸し手と話すときに数字を詳細に把握しておくことは大事だし、たとえばおれのような事業主相手に売り込みを図りたい場合でも、やはりあらゆる角度から数字を理解しておくことが前提だ。

それにもかかわらず、会社を立ち上げたばかりの起業家と話すと、いつもあまりにも同じような会話になってしまう。こんな感じだ。

「人件費は？」とおれが聞く。

「えーと……」

「今は何人雇ってる？」

「11人です」

「その11人であなたの売上を２００万ドルから４００万ドルに引き上げられるのかね？」

「うーん……」

「もしそれができるなら、あなたは実質的に人件費を半分にカットしたことになるのは分かるな？」

「ええ、まあ……」

といった具合だ。粗利益と純利益は両方とも一定のレベルで推移しているのか？　売上高が上がっても、収益はあまり伸びていないんじゃないか？　それに対する返答が、知らないのではなく混乱している場合もある。たとえば人件費を聞いているのに賃料を答えたり、間違えて2つを足して答えたり。

細かいことはともかく、自社の財政状況が把握できていないやつのあまりの多さに、おれはあきれている。実際、新しい会社を訪ねていけば、そこの経営陣が自分たちのやっていることを把握できているかどうか、3分もしないうちに分かるものだ。

そこで、あなたはこんな疑問を抱いたかもしれないな。あるビジネスの数字が好調かどうか、数分で分かるというこの男は、一体何の数字を見ているんだろうと。

おれはまず、収益から始める。次に売上原価だ。それから、人件費を含む各種の支出に目を向ける。他にも意識すべき問題はあるが、これらが主なところだ。

こと数字となると、ほとんどの起業家は収益さえ伸ばせば金がもうかると思い込んでいる。正しいが、つねに、というわけじゃない。たとえば、人件費率が25％のビジネスでは、これを下げればすぐに収益は上昇する（〈ビリオンダラー・バイヤー〉でいつもおれが話しているテーマだ）。売り上げを伸ばしても、費用が増え続けたら何の意味もなくなる。ちなみにこれは、数字の知識さえ持っておけば自分でコントロールできる話だ。

こうした知識や分析、つまり徹底的に数字を深掘りする作業は、あなたのビジネスを次のレベルに引き上げるうえで不可欠だが、起業家が全員数字の達人であるべきだと言いたいわけじゃない。会社を経営したいがコストと売り上げを追いきれない、というなら、それができる人材を最優先で見つけろ。

必要なのは、強力な人材だ。そうでないかぎり、あなたは生き残れない。ビジネスにおいては数字がすべてだからだ。それだけ大切な人材だと認識して迎え入れろ。

TILMAN'S TARGETS

ティルマンの教え

・財務数値の把握は、ビジネスのレベルを引き上げるために不可欠だ。
・日々の速報と予算の作成を優先業務と位置づけるべし。
・あらゆる説得において、数字の完璧な把握が重要だ。
・数字を把握、理解しきれないのなら、できる人と組め、雇え。

第3章

95：5の法則。あなたの「5」は？

企業経営において、おれたちは日々さまざまな数字や数式と格闘している。しかしそのなかでも、今後の成功と苦戦とを隔てる要素は何なのだろうか。おれは本当に大切なことを見落とさないために、いつもひとつのシンプルな比率を用いている。

聞け！

おれはそれを、95：5の法則と呼んでいる。中身は簡単だ。ある程度成功したビジネスでは、多くの場合、仕事の95%がうまく機能している。**成功をさらに加速できるかどうかを決めるカギが、残る5%ということだ。**

このことにどう取り組むべきか、とまどう企業の様子を、おれは何度も見てきた。5%の存在に気づいていない企業もあれば、機能している95%について無駄に思い悩む企業もあった。あるいは、5%がうまくいっていないと分かっても、どう変えればいいのかが分からない、というケースもある。5%くらいたいして重要ではないと思いたいだけかもしれないが。

5%は、単に重要なだけじゃない。絶対的に不可欠だ。しかもそれは、さまざまな形で大きな違いとなって表れる。

5%などささいなことだと思うかもしれない。だがそれは違う。第3章の各項では、自社の５％を知る方法と、その５％を通じてビジネスをさらに前進させるために、あなたが何をすべきかを説明していこう。

7 自分の「5」を探せ

表面的に見れば、95：5という比率はずいぶんバランスが悪そうだ。

おれは多くの起業家から疑問を呈された。たったの5%が、ほんとうに私のビジネスを支えたり傷つけたりするんですか？　なぜそんなちっぽけな部分に意味があるんですか？　他の部分はこんなにうまく回っているのに。

はっきり言う。大きな意味がある。

それぞれについて考えてみる。95%は、ちゃんと機能している部分だ。あなたのビジネスのコア・コンピタンス（他社には真似できない中核となる強み）に関わるところで、これは飲食業でも造園業でも、どんな業種でも一緒だ。

たとえば、おれが経営するレストランチェーンでいえば、95%は安定した料理のクオリティー、店舗の清潔さ、スタッフのパフォーマンスなど、いわば基本的な要件を指す。従業員は適正な訓練を受け、メニューはいつでも最新で正確だ。ＰＯＳシステムなどのテクノロジーも装備している。ここがおれたちのチェーンの95%に当たる。必要なシステムやプロセスが機能しているということだ。

そして、残る5％こそが違いを生み出す真の原動力だ。適切に、かつ一貫性を持って取り組めば、おれたちのレストランを95％のレベルを超えた先まで動かす転換点にできる。

残念なことに、このものすごく重要な5％が、これまであらゆる意味でないがしろにされてきた。

・給仕がドリンクを出すときに、ナプキンを使用していない（これを見るたびに、おれはキレそうになる）。
・4人掛けのテーブルで、椅子の種類がひとつだけ他の3つと異なっている。
・おいしく調理された料理が、違う種類の皿に盛りつけられている。
・天井のファンが適正な速さで回っていない。
・ゴミやタバコの吸い殻が駐車場に捨てられている。

しかし、5％は必ずしもマイナス要素ばかりではない。

・常連客の氏名を記憶しておく。
・特定の顧客が好む席を記憶しておく。
・何度も様子をうかがいにきてほしい顧客と、食べている最中はほうっておいてほしい顧客を、それぞれ記憶しておく。

・トイレの場所が分からない顧客を誘導する。

たとえばこうしたことが、おれの言う5％だ。きちんと実行すれば、あなたのビジネスを際立たせられるし、レベルを上げるための後押しになる。逆に言えば、適切に実行されない、もしくはまったく無視したときは、成長を妨げる要因になり得るのだ。

こうした例からも分かるとおり、5％が何かを見極めるのは案外難しい。ビジネスが順調に伸びず苦しんでいるときに、オーナーがまず資金不足や製造問題といった明白な項目に意識を向けるのは理解できる。

だが、問題はその先に存在する。おれ自身に関する、都市伝説のような話をいくつか読んだことがある。10キロ以上離れた上空にある切れた電球を見つけられる、などと書いてあった。なぜそんな話になると思う？　自分のビジネスについて考えるときに、おれはうまくいっていない部分を見つけ出そうとするからだ。小さくても大切なことに気がつくように、おれは自らを仕向けてきた。やりすぎだと考える同僚たちもいる。でもおれは、彼らの不満を褒め言葉だと受け止めている。ビジネスをただの「良い」から「素晴らしく良い」に引き上げるためには、ささいなことこそが重要だ。

その企業にとっての5％問題は、ときに長年続いていることだったりもする。マーケティングの方法だったり、不必要に高い製造コストだったり、また、それまで続けてきたからという理由で採用している戦略や実践方法だったり。習慣が5％問題になっている企業が、それまで生き残れたのは、製品が優れていたことの証しということもある。

５%問題は目の前にあると分かっている起業家や経営者もいる。問題は、彼らが対処法を知らないということだ。彼らはこう言うだろう。「原料のコストが高すぎるのは承知しているが、別の調達先をどこで見つければいいのか分からない」。あるいは、問題は明白なのに、個人的な事情で、是正するリスクが問題を上回るケースもある。次のジョークのオチはすごいんだ。ある事業主が、できの悪い自分の息子を解雇すべきだと分かっている。「でもおれはあいつの母親と一緒に寝なきゃいけないんだ」

５%問題が、自己満足に左右されることもある。95%はうまくいっている、と言いたいらしい。まあ、それでいいというやつもいるだろう。だが、あえて無視したその５%が大きな違いになるかもしれない、ということは覚えておくべきだ。今までと変わらない日常を送るのか、大きく伸ばすのか。つまり、ビジネスエリアを周辺地域にまで拡大して、ひいては全国で戦うプレイヤーになれるのか、あるいは今の小規模を良しとするのか、の違いだ。

車を駐車場に止めて、おれはレストランに向かって歩く。途中、つぶれたコーラの空き缶やビール瓶の破片が落ちているのを見つける。店の入り口が近づくにつれて、何本かの枯れた植木と、吸い殻やキャンディーの包み紙が目に入る。たどり着いた店の扉は薄汚れている。店主が定期的に拭いていないからだ。

ここまでで1分か、最大でも2分しかかかっていない。それでもおれには、今から始まる食事がどういう体験になるか、店内に足を踏み入れる前の時点ですでに分かってしまったわけだ。適切なサービスを受けられるか、おいしい食事にありつけるか、素晴らしいもろもろのことが可能か。そして、おれは店に入る意欲をなくす。

おれが言う5％とは、そういうことだ。

聞け！

おれは、**自分の事業のひとつひとつについて、必ず5％に目を向けるという文化を植え付けた。あなたも同じ行動を取るべきだ。**自分の考え、決断、行動において、5％問題を重視する習慣をつけろ。**ささいなことがどれほど重大なのかを、躊躇せず従業員に伝えろ。**

この文化を、会社全体に広げるべきだ。従業員たちに伝えろ。このビジネスでライバルたちを置いて先へ行くために肝心なのは、順調に機能している95％でなく、5％のほうだということを。あなた自身も5％を見ており、全員がそうすべきだということを。5％というのは目立たない細部に着目することだ。優秀な事業主やスタッフも、ひとりでは見つけられないかもしれないが、優秀なチームとして動けば、見落とす確率はかなり下がるはずだ。

一人ひとりが5％を意識するよう促せ。あなたがレストランの経営者なら、給仕に顧客の皿を意識させろ。食べ残している人を見かけたらマネジャーに報告させるんだ。そうすれば、マネジャーがそのテーブルに行って「残されたようですが、ご満足はいただけたでしょうか？」と聞いてくれるだろう。満足していない顧客は、往々にして自分からはそれを口にしないものだからだ。あなたから相手にアプローチして、修正が必要な問題の有無を確認する、ということだ。

これはどんなビジネスにおいても同じだ。高額商品を購入した顧客には、フォローの電話をかけろ。たとえばこんな質問をしてみるといい。「ご満足いただけたでしょうか。お買い求めの商品は、お客様のご要望に合っていたでしょうか？」。問題があるかないかは分からない。だが、あなたの側から少し働きかけるだけで、彼らの購買があなたにとって重要だというメッセージが伝わるし、実際に問題が生じたときにも取り組む準備ができていることになる。

おれはこれを、エアコンの温度設定にたとえることがある。もしも部屋が暑すぎるか寒すぎるとしたら、あなたは部屋の温度を1度か、せいぜい2度の範囲で上げ下げするだろう。それによって快適さが違ってくる。

この発想をビジネスにも取り入れろ。注意が必要な5％において、1％だけ改善したらどんな成果につながるか、考えてみるといい。室温を微調整しただけで快適さが変わる。あなたのビジネスでも同じだ。微調整だと思えても、大きな違いにつながるんだ。

そして、その1%か2%が、あなたをライバルたちから際立たせるうえで有効に働く。数字でイメージするといい。ビジネスを1%か2%改善するのは小さな話にしか思えないかもしれないが、それによって収益が大きく伸びれば、その分でビジネスを拡大させ、競合の買収資金に充てられるのだから。

もうひとつ、重要な点を指摘しておこう。「はじめに」でおれは、予想外の「困難」に見舞われる話をしたが、5%に関してはあなたが完全にコントロールできる。天災や停電は自分ではどうしようもない。だが重要な5%は、あなたが毎日意識できる部分だ。

この取り組みは、ささいだが強力な効果を生む。別に大変革をするわけじゃない。つまり、室温を10度上げたら快適にはならない。ゆで上がってしまう！　同じく、10度下げたら寒くて震えが止まらないだろう。どっちにしても、まったく効果がないどころか、逆効果だ。

あなたのビジネスについても、同じことが言える。5%に着目してビジネスをレベルアップするのに、大変革を加える必要はない。下手に劇的な変化やソリューションを求めたりすれば、順調に推移している95%にうっかり影響を及ぼす可能性すらある。壊れていないものを修理するというのか。

優れた製品を持っているのに、5%に注意を払わないがために売り上げを伸ばせない、という例はあまりにもたくさんある。たとえば、せっかく才能豊かでクリエイティブな人たちがビジネスに参入しても、商業的な側面で5%を軽視し、結果を出せないことも多い。

(この後の第9項では、仕事のパートナーや仲間を選ぶ際に互いの強みが重ならないようにすることの大切さについて話す。クリエイティブな人や、ある特定の強みを持つ人が、同じ強みを持つ人でなく、自分の強みを補完してくれる人と組むこと。重要な人事戦略だ)

これまで話したように、ビジネスを傷つける5%は、一見取るに足らない、ささいなことだったりする。郵便の宛先が正確に「フロスト通り225番地」でなく「オークとフロストの角」と書いてあったらどうだろう？　食品の説明書にひとつ小さなスペルミスがあったとしたら？

もしあなたが、10キロ先の切れた電球を見つけられる人だと言われたら、それは褒め言葉だ。あなたには、一見目立たなくて他のスタッフは見落としがちだが、ビジネスを傷つけてしまう要素を発見する力があるということだ。あなたが細かいことに気がつく能力を持った起業家なら、それをそのまま伸ばせ。もしそうじゃないのなら、その力を持つ誰かと組め。どちらにしても、細部に目を向け続けろ。

そうでなければ、どうやって5%を支配できるというんだ？

絶対に、顧客視点を失うな。つまりこういうことだ。レストランの支配人が、外が暗くなる前に店に到着して、中に入って、そのまま仕事をしたとする。素晴らしい。だがそれだけだと、暗くなってから店の駐車場に車を停める顧客の目に何が映るのかは分からないことになる。店のネオンが点灯していないかもしれない。ゴミ箱がいっぱいになっているかもしれない。駐車場の真ん中で誰かが灰皿の中身をぶちまけていったままかもしれない。

聞け！

仕事仲間、顧客、サプライヤー、その他**誰でも、あなたのビジネスに関する意見を持っていそうな人から話を聞け。**こう質問するんだ。「私のビジネスについて、何かひとつ変えていいとしたら、あなたなら何を変えますか？」

それから、**インターネットのレビューやフィードバックも読み込め。**

ポイントは、あなたの商品やサービスを顧客と同じように体験することを、おろそかにしてはならないということだ。だからおれは、いつも全店舗の支配人たちの尻を叩いている。とにかく外へ出て、自分の足で敷地を歩け、とね。顧客目線で見れば、重要な5％を見つけやすくなるからだ。

もちろん、すべての業種で同じように敷地を歩けるわけじゃないが、どんな場合でも、顧客の立場を疑似体験してみろ。あなたの商品やサービスを体験するなかで、彼らがどのように扱われたのか、謙虚な姿勢で聞くんだ。彼らは何を見た？　それはあなたのビジネスにとってプラスなのか、マイナスなのか？

絶対に慢心するな。ビジネスが好調だろうと不調だろうと、極めて重要な5％からひとときも目を離すな。壁を打ち破ってビジネスを広げたいときに、機能している95％は、ほうっておいても大丈夫なことが多い。うまくいっていない5％が、望ましくない形でのしかかってくるかもしれないのだ。

TILMAN'S TARGETS

ティルマンの教え

・95：5の法則――あなたのビジネスの95％は順調だ。だが、うまくいっていない5％を探すんだ。

・慢心するな。つねに5％に注目しろ。

・自分のビジネスを顧客視点で眺めろ。

・ビジネスを傷つける5％は、ささいな要素の集まりかもしれない。

8 強みを知り、生かせ

多くのビジネスコンサルタントは、あるいは他の専門家たちは、我々に弱点を克服しろと迫る。あまり得意じゃない分野を向上させれば、あなたは全方位的に実力ある優秀な人材になれる、という発想だ。

否定はしない。おれたちはみな、不得意な部分で向上を図るべきだ。おれは不得意だらけだし、あなたもそうじゃないかな。

だが同時に、自分の強みを生かすことを忘れるな。

おれたちは、自分が何を知っていて、何を知らないのか、実は分かっている。認めたくないかもしれないが、自分に関する真実ははっきりしているんだ。心の底で、おれたちは自分の強みも、そして能力とスキルは釣り合っていないということも、認識している。

あなたが起業家なら、あるいはそれ以外の誰でも同じことだが、そういった率直さは大切だ。実際、人が犯す最大の過ちのひとつは、自分が知らないという事実を認めたがらないことなんだ。

おれは長年、そういう人たちを見てきた。最近ではテレビ番組〈ビリオンダラー・バイヤー〉にもたくさん登場する。ある分野が得意だと自称するわりに、どう見ても不得意そうな起業家やビジネスパーソンにも数多く出会った。マーケティングに強い、というやつもいたし、ビジネスの成長におけるキャッシュフローの必要性をよく理解している、というやつもいた。彼らの多くは、ビジネスを拡大するためのあらゆる方法を知っているという確信があるようだった。

おれは、自分の強みと弱みを知っている。よく話すんだが、おれは車にガソリンを入れるやり方をなかなか覚えられなかった。オイル交換？　自分でやるくらいなら、むち打ちの刑を受けるよ。

エンジンを分解して、また元どおりに組み立てられるやつがいる。ある人にとっては、だからなんだっていうものかもしれないが、おれにしてみれば世界一頭の切れる男だ。完璧な線を引ける画家がいるだろう？　おれがやるとみみずがのたくっているような線になってしまう。

「企業と財務数値を見れば、成功できる内容かどうかを、おれは数分で見極められる。それがおれの強みだ。そして、おれはそのことを認識している」

おれが起業家たちに、自分について徹底的に正直であれ、と言う理由はそこにある。仕事に生かせるスキル、そして自分に欠けている能力が何なのかを把握していることが、死活問題として重要なんだ。正直にならないかぎり、あらゆる意味でビジネスの成長などおぼつかないし、異なるスキルをバランスよく配置して成長し続けることだってできない（次項でさらに詳しく話す）。

多くの人が、なかでも若い起業家が、いつもおれに聞いてくる質問がある。一度大学に戻ってＭＢＡを取っておいたほうがいいか、というんだ。おれの答えはいつも同じ。もし必要ならば、自ずと分かってくるはずだ。何もしなくても仕事を容易にこなせるやつもいるだろうし、足りない部分を補うために正式に勉強したほうがいいやつもいるだろう。多くの人にとって、ＭＢＡはスキルを総合的に高めるための方法として有効だ。そして、そこで得た学びをビジネス拡大に生かせばいい。

大学に戻るのは、必ずしもＭＢＡ取得のためばかりともかぎらない。〈ビリオンダラー・バイヤー〉で取り上げたケースにこういうのがある。キスメット・コスメティクスを創業したケイトリン・ピクーは、ヒューストン大学の起業家養成コースと協働して、有効な事業プランの策定と改善を行った。あなたも同じやり方を模索できるだろうし、他にも全国に数多くあるオンラインや通学型のプログラムを活用すれば、さほど長い期間をかけることなく、ビジネスの進め方や戦略づくりに詳しくなれるはずだ。

大学に戻って勉強するということは、足りないビジネススキルを補うというだけでなく、自分の得意な領域に磨きをかけるチャンスでもある。

本項のテーマは、まさにそこにある。不得意な領域で向上を図り、併せて得意な領域を生かし、かつ強化しろ。創造性という資質があるなら、できるかぎり生かせ。数字に強いのなら、その能力に頼れ。

自分の強みが、いわゆるビジネススキルとは別の領域にあったりもする。たとえば、おれはすべての起業家にあきらめるな、と言い続けている。本当に追い詰められるまでは、絶対に負けを認めるな。頑固だと言われようが、自信過剰だと言われようが、間違いなくそれは強みだ。否定論者や、とうてい無理に決まっていると冷笑する周囲のやつらを無視できるなら、それはあなたが頼るべき強みなのだ。

たまに、自分の強みが分からないという起業家に出会うことがある。自分の強みを誇るには奥ゆかしすぎるんだろう。あるいは、逆か。「自分はあらゆることが得意だから、ひとつだけ選ぶなんてできない！」というわけだ。

こういうときこそ、他人に評価してもらうといい。あなたのビジネスパートナーに、自分の特定の強みが何だと思うか聞いてみるんだ（独り善がりの慢心に陥らないため、あなたからも相手の強みを指摘したいと言ってみろ）。予想どおりの答えかもしれないし、うれしい驚きがあったり、がっかりさせられたりするかもしれない。第三者のそうした情報が聞ければ、自分の強みをより客観的に把握できて、ビジネスにも活用できる。

聞け！

強みをより強化するための方法は、強みが何かによっても異なってくる。ある人にとっては、大学に戻ってMBAを取ることかもしれない。別の人にとっては、自分がやっていることをしっかり理解して、それをビジネスに反映させることかもしれない。**自分の強みを、躊躇せず皆に伝えろ。**ひとつの例として、もしあなたが数字の分析に秀でているのなら、そして会社の企画スタッフにあなたに見えているものが見えないのなら、それを伝えろ。**あなたの知見をビジネスで生かせ。**

どんな状況であっても、ビジネスは強みを無視しているかぎり花開かない。不得意分野を克服できたら素晴らしい。だが、得意分野も活用しろ。そもそも、あなたはその得意分野があるからこそ、ビジネスに身を投じたんだろう？

TILMAN'S TARGETS

ティルマンの教え

・弱みを克服する努力をしろ。だが、強みを伸ばす努力もしろ。

・ビジネスパートナーに、あなたの強みを指摘してもらえ。

・強みを伸ばせ。強みに頼れ。躊躇せずに強みを使え。ビジネスを大きくするためだ。

9 異なる強みと組め

ビジネスで確実に失敗する方法が分かるか？

こういう答えが多いかもしれない。「家族や親友と一緒に始めること」。

これには、完全には同意しかねる。たしかに、一緒に始めたビジネスがうまくいかなかったら、これ以上確実に友人や愛する親族を失う方法はないかもしれない。だが、おれは〈ビリオンダラー・バイヤー〉で、友人同士や家族同士で経営している有望なビジネスも数多く見てきた。相手が友人、兄弟姉妹、あるいは誰であろうとも、大事なのは関係性ではなく、その人が会社に何をもたらすのかだと思っている。

このテーマに関して、おれはより大切なことを指摘する。ビジネスの成功を考えるなら、互いに補完的な強みを持つ者同士で組むことのほうが、はるかに重要だ。

あまりにもよくあるパターンはこんな感じだ。あなたとあなたの親友2人とは、数年にわたって一緒に調理の仕事をしてきた。キッチンまわりのことなら、もう何でも分かる。3人で独立して、ビジネスを始めようと決めた。

3人ともキッチンのオペレーションにたけている。いいね。だが、もしこの3人が、キッチンのプロと、財務のプロと、接客のプロとで構成されていたら、はるかに素晴らしいと思わないか。

「自分と同じスキルの持ち主とは組むな」

考えれば当たり前のことだろう。同じスキル同士でなく、互いに補完し合うスキルの持ち主と組めば、それだけ広いビジネス領域をカバーできるのだから。キッチンで問題が生じたら、3人のうち1人が対処できる。新鮮な食材を毎日調達すると費用が上がりすぎるというなら、数字に強い人間が仕切る。店舗だって同じだ。予約やスケジュール管理が増えて混乱しそうなときには、店舗運営の知見を持つ友人が対応すればいい。

残念ながら、新しいビジネスを立ち上げる起業家の多くはこの方式を採用していない。ほとんどの場合、友人とパートナーを組むときに、相手がどんな強みを持っているのかをかえりみることはない。互いに気が合うとか、同じ夢を追っているとか、新しいビジネスを築くことにワクワクするだけで終わってしまう。

それが悪いわけじゃない。だが、強みという観点で見れば、あなたはビジネスの土台を最初から見事に崩そうとしているようなものだ。たとえば、2人とも数字に強いとする。

配送の問題が生じたときには、どっちが主導権を持つんだ？　顧客からのフィードバックを分析して問題点を洗い出すのは誰の責任だ？

ビジネスに関わる人間がみな同じ、あるいは似たようなスキルの持ち主ばかりだとしたら、大きな頭痛のタネだ。しかし、経営チームの一人ひとりが異なるスキルと強みを持っていれば、幅広い問題に対応できる。

これは責任領域を分担するというだけの話じゃない。前の項で話したこととつながる。強みを生かす、だ。異なる強みや能力を持つ他人と組めば、全員がそれぞれの強みを発揮できる。自分たちのスキルでは対応できない課題と遭遇して右往左往せずにすむ。

「友人とはビジネスをするな」が例外なしの厳格なルール、と言いたいわけではない。もちろんそんなはずがない。そもそもおれが日頃から強調しているのは、ビジネスの世界で友人をつくることの大切さだ。本当に必要なときに、タッグを組んで働く同志になるのだから。

そして、一人ひとりがどんな強みを持っているのかを正しく見極めることも大切だ。誰かの強みが別の誰かの強み「よりも重要」だ、という考えは間違っている。前に話したとおり、おれはエンジンを分解して元どおりに組み立てられるやつを尊敬する。車のオイル交換が素早く、効率的にできるやつを尊敬する！　おれは彼らを、財務数値を分析できる自分と比べて格下に見ると思うか？　あり得ない。もしそのように見てしまえば、あらゆるスキルがビジネスに価値をもたらす、という事実を否定するだけでなく、他人の能力を不当に低く評価することになる。

異なるスキルの持ち主で構成されていない会社は、そのことがすぐに露呈するものだ。優れた製品を企画して、優れたマーケティングを行っても、製造と配送の部分が邪魔をしているかもしれない。これはビジネスを動かすために必要なスキルの一部がチームに存在していない明確なしるしだ。

ときには、そのしるしがはっきり表れないこともある。数字に強い人間がいなくても、一定期間はうまくいくかもしれないが、コストがゆっくりと上昇し、じきにキャッシュフローを滞らせてしまう。

だからといって、どうしようもないわけではない。似た能力や強みを持つ者ばかりで構成された会社なら、変えればいい。もしあなたたちが特定の領域で秀でてはいるが、チーム全体として別の特定領域に能力を持っていないことが分かったら、躊躇せずにその穴を埋める力を持った新しい人材を招き入れろ。

それによって、足りないスキルや能力の問題を解決できるばかりでなく、他のメンバーもそれぞれが自分の強みに専念してビジネスに貢献できるからだ。

おれは数年前にこれを実践した。ニューヨークやロサンゼルスなどで多店舗展開しているキャッチという魅力あふれるレストランチェーンと提携したときだ。おれとパートナーを組んだユージン・レムとマーク・バーンバウムが、おそらく業界の誰よりもうまくやったことは、トレンドや時代に合わせた変化だ。店独自の環境、雰囲気やムード、活気といったものを、他のどのレストランよりも見事なまでに構築した。もちろん、食事も、サービスも、立地も、素晴らしかった。

彼らに欠けていたのは、その良さを生かしきれるだけの経営の知識だった。成長を続けるシステムや、成長を支える資金がなかった。彼らはおれの説明を信じてくれた。発展や成長を主導した経験を持つ人間、正しい方向に成長するための資金を手当てできる人間の必要性に、同意してくれたんだ。

そして、おれは彼らと50：50で組んだ。おれが資本の50％を保有し、残りの50％を彼らで分けた。なぜかって？　おれには分かったんだ。彼らは、目の前の課題やチャレンジに取り組むために別の誰かが必要だ、という考え方を受け入れる人たちだと。彼らの自尊心が邪魔をしなかった。理想の地へとたどり着くためには、おれのような人間の支援が必要だと分かっていたんだ。

彼らは、自分たちの強みも弱みも分かっていた。そして、足りない部分を補ってくれる人間と組むことに、一瞬のためらいも見せなかった。

自分たちは難しいスキルや知見を持つ誰かと組むべきだ、ということを、賢明な彼らはすぐに理解したのだ。

TILMAN'S TARGETS

ティルマンの教え

・自分のスキルを補完できる人と組め。

・ビジネス上の友人と個人的にも親しくなれ。

・自分のビジネスで特定のスキルが欠けていることが分かったら、欠けた部分を埋められる人を探せ。

第4章

チャンスを見つけろ。チャンスをつかめ

成功した起業家はみな、程度の違いこそあれ、便乗が上手だ。もちろん、おれは良い意味でこの言葉を使っている。

起業家のなかには、他人の商売に独自のやり方で乗っかって自分のビジネスにしようと試みるタイプがいる。既存商品の改良版をつくるやつもいれば、新しい使い方を提案するやつもいるだろう。内容がどうであれ、あらゆる起業家は、自分がチャンスとみなせばビジネスにつなげようとするものだ。

一方で、他人にとらわれない起業家もいる。そもそも、誰からもたいしたチャンスだと見なされていない状況こそがチャンスと考える起業家は多い。次項で話すが、おれ自身は景気の混乱状態を最大限活用して抜け出した、ラッキーな、そして便乗上手な起業家タイプだと思っている。

さらに別のタイプの起業家もいる。彼らにとって、どんなに素晴らしいアイデアやビジネスでも、一夜にして成功につながることはない。ビジネスが成長して実をつけるまでは時間がかかるものだし、自分のビジョンを貫くだけの強固な自信や信念を持ち続けられるどうかは自分次第、と思っているわけだ。

おれはそんな彼らを、「もうじき」起業家、と呼んでいる。彼らに見えている光景は、手っ取り早い成功と比べてもリアルさでは負けていない。成功を実現させるには時間がかかる、というだけのことだ。

この考え方は、粘り強さのなんたるかをおれたちに教えてくれる。粘り強さとは忍耐と献身であり、何より重要なのが、成功には時間と独自の発想が必要、という考え方だ。成功は今すぐ手に入れるもの、と考えるせっかちな起業家たちに勝るとも劣らず、彼らは確信に満ちている。

もうじき、というだけだ。

10 執行猶予5年

便乗について知りたいと思うなら、つまりチャンスなど転がっていないように見える状況から最大の利益を上げることについて聞きたいなら、１９８０年代のテキサス州ヒューストンに連れて行ってやろう。

おれは20代後半だった。いくつかのビジネスを軌道に乗せていたころだ。その当時、ヒューストン全体では数百もの銀行が乱立していた。融資を必要とする企業から見れば、いろいろな意味で買い手市場だったわけだ。非常に多くの金融機関が新たな取引先を求めて互いにしのぎを削っていた。起業家にとっては、会社をつくり育てるためのさまざまな財政支援を求めるには最高の時代だった。銀行などの貸し手が、少しでも融資を増やそうとして必死の争いを繰り広げていたんだ。

もう少し時代をさかのぼってみよう。１９７０年代のテキサス州には、全米で一番多くの銀行が集まっていた。石油ビジネスが盛んだったし、テキサス州外の金融機関による州内での融資を禁止する法律によって、閉じた市場のなかで激しい融資合戦が行われていたのだ。

ただ、これは長続きしなかった。１９８０年代に法律が廃止された後、石油価格が急落した。収入の減少分を補おうとした銀行は、ターゲットを石油産業から商業不動産の市場へと移していった。だがその後、不動産業界への優遇措置が廃止されると、銀行における不動産向け融資残高も減少を始めた。

その余波はすさまじいものだった。１９８０年から１９８９年までの間に、テキサスでは４２５もの商業銀行が破綻に追い込まれ、大手10行のうち９行までがそのなかに含まれていた。１９８８年の１年間だけで１７５行もつぶれているが、これは州全体の銀行資産の25％、約４７３億ドル分に相当する。

いたるところで銀行がつぶれ続けた。あらゆる貯蓄貸付組合（主に住宅ローンを手がける金融機関）が倒産した。火曜日ごとにＦＤＩＣ（連邦預金保険公社）が３つか４つずつ、新たな破綻案件を発表していった。もはや定例行事といえるほどだった。

この状態は2年間続いた。

見るも恐ろしい光景だった。そしてそれが、銀行業界の大規模な再編につながっていった。今では倒産させることなど不可能に思われるほど巨大な、資産数兆ドル規模の銀行が複数できている。政府が介入して他の銀行を買収させていったからだ。当時の金融機関が合従連衡した結果だ。

すべてが終わり、金融業界が一度実質的に崩壊した後、今ヒューストンに残っているのは、たった5行か6行だ。繰り返すが、貯蓄貸付組合は全滅した。

そのころのおれは、一連の出来事から自分にとってこれほど有用な学びを得ることになろうとは思いもよらなかった。自分の話をすれば、8つか9つの銀行から合計200万ドルほどを借り入れていた。他の多くの企業と同様、あらゆる機会をつかまえて先を争うように借りまくっていたわけだ。ひたすら借りる手立てを考える日々だった。いくつかの銀行ではインタレスト・オンリー（当面の期間は利息分のみを返済するローン）で契約し、他ではコンソリデーション・ローン（複数の債務がある場合にローンを一本化することを目的として貸し出されるローン）を活用していた。終わりのない自転車操業だった。おれは生き延びることに必死だったし、それでも今後の見通しが暗いと思える局面もあった。

あるときは、借金を申し込みに銀行へ上がるエレベーターのなかで、同行した弁護士と腕時計を取り換えたこともある。これから金を借りようというやつがいかにも派手な金のロレックスをしているよりは、小ぶりのセイコーを付けていたほうが印象はいいだろうというわけだ！

だが結局すべてはなるようになっていった。つまり、おれが金を借りた銀行もすべてつぶれた。その結果、おれはその時点では返済を免れることになった。金を返そうにも相手が消滅したんだからな。

後から振り返れば、銀行業界と政府の官僚的なシステムがおれたちに有利に働いたといえる。銀行をすべてつぶして資産の再配分を計算するのに膨大な時間とエネルギーを取られ、おれのような小物のところに返済を求めるまでに5年かかった！　先に回るべき大手の債務者が連なっていたんだろう。

おれは貴重な執行猶予を５年も与えてもらったことになる。その間はローンを返さなかったから、多額の現金で仕事を続けられた。その５年間で、おれは自分のランドリーズをガルベストン、コーパス・クリスティ、サン・アントニオ、キマ、ダラスに出店していった。

周りがすべて悲惨な状況に陥っていた時代に、まあ悪くない出来だった。おれはキャッシュフローのビジネスで成長できたが、売掛金ベース（入金を待たなきゃいけない）で商売していたやつらは苦しんでいた。

５年間という絶好のチャンスをとらえて、おれは勢いをつかむことができたが、決して簡単だったわけじゃない。思い描くような業務拡大を実現するために必要な資金を手に入れるのは大変な苦労だった。クレジットカードも、現金も、設備リースも、使えるものはなんでも使った。銀行には行けなかった。もうどこにもなかったからな。少額の資金をかき集めては自分のビジネスに投じていた。ちょっと前までは資金などすぐに手当てできていたから、今必要な金を見つける作業は楽しくもあり、怖くもあった。つまり、５年の猶予期間にできるだけ多くの機会を見つけて多額の利益を得ようとするのは楽しかったし、何しろそうした機会は自分たちにとって未体験の領域に足を踏み入れている怖さがあったんだ。

そして、当たり前のことだが、５年の猶予期間にも終わりがきた。ＦＤＩＣがついにおれのところに現れた。だがそこでも素晴らしい取引ができた。１９９１年、彼らはおれが借りていた期間の利息相当分を放棄することに合意した。おれは彼らに200万ドルの小切手を切った。それだけだった。5年間借りっぱなしのあげく、利息ゼロで返済したのだ。

そして当然、その間の経過は大部分がおれにとって幸運に働いた。債務者を追求する政府が、ずっと巨大な企業から先に回ってくれたおかげで、こちらの状況を把握するまでそれだけの年月を要した。当時のおれは、まだ目立つほど大きな借り手じゃなかったというわけだ。

そしてこの話は、チャンスを認識して、それに最大限乗じる、という見事な事例じゃないだろうか。何しろ金融業界が破滅したのだから、パニックになり、もう同じような形で融資は受けられないと考えて事業継続をあきらめるやつが出たとしても理解できる。実際、そこら中にいた。マンションは建設の途中で放置されたし、オフィスビルは空き物件だらけになった。住宅建設プロジェクトは、道路の造成まで終わっていたのに、家が建つことはなかった。恐ろしく気が滅入るような状況下で、あきらめるのはたやすいことに思えた。特におれのような大きな成長を思い描いていた若手経営者にとっては。しかも訪ねるべき銀行はもう存在していなかった。

おれは、あきらめなかった。理由のひとつは、普遍的な真実を学び、身につけていたからだ。

聞け！

不況のときは、再び好況がやってくるという事実を忘れがちになる。そして**好況のときは、いつか不況になる**ことを忘れる。**おれたちは両方の状況に備えておく必要がある。**なぜなら、**どちらもいつか必ずやってくるからだ。**

たしかに、そう信じるにはあまりにも厳しい時代だったのは間違いない。少なくとも、何百という銀行がつぶれ、その結果あらゆる業態のビジネスが破綻するのをじかに見てしまえば、状況が持ち直すまで耐え忍ぶことは、たやすくはない。ただ幸運なことに、おれはそう考えることができた。

繰り返しになるが、料理を注文してその場で支払うというキャッシュフロー型のビジネスを展開していたおれは、不況のときでも苦しまずにすんだ。実際に、折々で経済が停滞しても、ライバルたちが失った再投資用のキャッシュをおれはつねに手元に持っていたからこそ成長できた。あなたのビジネスも同じキャッシュフロー型だとしたら、同じようにできる。ただし、好況の間にできるかぎりの現金を貯めておくことが大事だ。

もしもあなたのビジネスがキャッシュフロー型じゃないのなら、最後の請求書を送ってから30日、60日、90日を待たないと景気が悪化しているかどうかつかみづらいかもしれない。そうであれば、なおさら努力して現金を貯めておくか、不況時に活用できるための借入極度額を持っておけ。そうすれば、どこかから大きな注文があったときに、競争相手がそれを受け切れるだけの現金を持っていなくても、あなたは手元の現金で受注できるだろうし、うまくいけばそのライバルを買収することすらできるかもしれない。前に話したように、不況のときには弱者をのみ込んで自分のビジネスを成長させろ。ただしそのためには現金が要るということだ。

今から振り返れば、当時の金融恐慌は、好況と不況というパターンのごく自然な繰り返しにすぎなかった。金融機関が破綻するまでは、ヒューストンのみならずテキサス州全体で人々は好景気の恩恵にあずかっていた。建築業界は繁盛していたし、高級ゴルフクラブの会員権も高騰していた。街には高級車があふれ、プライベートジェットもいつでも飛び立てるよう待機していた。

あのころみんなは、不況が永遠ではないように、好況だって延々続くわけがないということを忘れていたんだろうか？

多くのやつらは、忘れていたんだろう。だがおれは、そういう考え方にはくみしない、と決めていた。

そしてそれこそが、起業家にとって現状にとらわれず新たな機会を見出すために必要なものの見方だ。好況か不況かに関わらず、おれたちは今の状態がずっと続くと思い込みがちだ。よく考えてみろ、と言いたくもなるが、多くのやつらはどうしてもそこにとどまってしまう。

　だからこそ、起業家には全体像を見ることが不可欠なんだ。大局観こそすべてだ。好況と不況には波があるということを、絶対に忘れるな。自分の視野を広げるために、共同経営者と話せ。従業員と、顧問と、顧客と、他のあらゆる人と話せ。現状をより包括的に理解するために、彼らはどんな新しい見方をあなたに授けてくれるだろうか？　彼らにはチャンスの兆候かヒントが感じられているだろうか？　どれだけおかしく見える環境でも、混乱した状況でも、大きく深呼吸をして他人が見落としたものに気づこうと意識している人には、チャンスが見分けられる。

　当時の銀行との経験を通じて、おれはもうひとつ、チャンスに関する貴重な学びを得た。十分な運転資本を確保する、という第４項の内容に関わることだ。必要のないときに金を借りておけ。借りたいときには借りられないかもしれないから。この学びはその後も大きな成果につながっていった。

　数年前、銀行がおれに金を貸したいと言ってきた。当時はそれほどの現金を必要としてなかったが、おれは借りることに決めた。おかげで支払うべき金利が膨らむことになったが。ところが突然、ルイジアナ州レイクチャールズで建設中の大規模カジノ施設が売りに出されることが決まった。おれは誰よりも早く買収に名乗りをあげることができた。現金を持っていたからだ。

　事業規模の大小に関わらず、機会はめぐってくるということだ。金融危機のとき、おれは数年間みんなから見落とされる程度の雑魚だった。金融当局は大きな魚から釣り始めていた。当時はおれの小ささが有利に働いた。
　あなたも、この教訓を自分のビジネスで生かせ。小さくとも、ビジネス拡大に活用できる大チャンスが見つかるかもしれない。おれの場合、自分が相対的に小さかったからチャンスをつかめた。小さいビジネスは多くの大企業より小回りがきくのだから、見つけたチャンスを素早くものにするうえで、あなたは良い位置につけているはずだ。

聞け！

最大のチャンスは不況期にあるっていうことを、**絶対に忘れるな。**

TILMAN'S TARGETS

ティルマンの教え

・好況不況に関わらず、チャンスはつねに目の前にある。

・好況期には、ある時点で不況に変わるということを忘れがちになる。

・必要のないときに金を借りておけ。好況期に現金を貯めておけ。不況になれば、その金を生かせるようになる。

・チャンスをつかまえるには忍耐が必要だ。次の取引機会を待てばいい。

11 「いつか売上高1000万ドルの会社を経営したい」

そう、これはおれ自身の言葉だ。

今でもはっきり覚えている。22か23歳のころ、よくこの言葉を口にしていた。おれもいつかは売上高1000万ドル企業の社長になれるだろうか。

それから少したって、2000万ドルを思い描くようになった。そして4000万ドル。そして1億ドル。

もう分かっただろう。

そういう意味で、おれは他のあらゆる起業家たちと同じだった。成功するという夢を思い描いて、たどり着いたらまた積み上げていく。

その種の夢が描けないようなら、あなたはたいした起業家にはなれないだろう。概して、起業家は根っからの夢想家だ。そうでないなら、多くの人と同じように従業員として生活費を稼ぐ方向に落ち着いていくだろう。

ただし、起業家としてチャンスをつかむという夢は、慎重に描くべきだ。大局観を保つこと。つねに今よりも大きくて良い夢を思い、努力しろ。ただしそこにたどり着くまでの行程は小さな一歩ずつの積み重ねだということも自覚しろ。

その一方で、どれほど才能と実力がある起業家でも、夢を自分でコントロールできないと、つまずくことになるだろう。

聞け！

忍耐を身につけろ。多くのアグレッシブな起業家にとって、**それは容易なことじゃない。**

夢を見るのが悪い、という意味じゃない。むしろ、成功に向けて努力を惜しまないやつにとって、夢はとても大切だ。ただしその場合、大局観こそがすべてだ。

おれ自身の話が、いい例だろう。今ではビジネスで関与する領域もかなり広がった。プロスポーツやレストラン、カジノにエンタテインメントとさまざまだ。

だがここまで来るのに30年かかった。そして、大きな夢を描いてきたという点で、おれは他のあらゆる起業家たちと同じだ。だがおれは、夢は体系的に描くべきだとも分かっていた。チャンスを逃さない目を持ち続けていたし、そのためには長期間の献身と忍耐が必要だと理解していた。

おれにはそういったことが最初から分かっていた。財務の観点からも、物流の観点からも、あらゆるチャンスを見逃さず最大限利用できるところで仕事をする、と決めていた。だがおれは、どのひとつの成功を取ってみても、それで大きな夢がかなったとは考えなかった。成功という夢に向けた戦いで、おれはまだ必殺パンチを繰り出していない。道なかばの単なる一歩だ。たしかにこれまでの数歩よりは大きくて重要な一歩かもしれないが、一歩は一歩だ。そう思っていた。

なかでも大きなチャンスは、1993年8月14日にレストラン事業の会社を上場したときだった。90年代初頭には、アウトバックステーキハウスやチーズケーキファクトリーなど、いくつもの飲食系企業が株式を公開していた。公開市場への上場がこの業種における流行となり、IPO（新規株式公開）が続いていた。おれもこの手法は資金集めの良い機会だと考え、同じことをやった。

1993年8月15日、つまりIPOの翌日だった。朝起きてみると、自分が保有しているランドリーズ株の時価が1億ドルを超えていた。1993年から2002年にかけて、ランドリーズは5度の追加株式売出も行って4億ドルを超える資金を手にし、チェーンの爆発的な成長を支えてきた。ここまでうまく推移させるのは非常に難しい。投資家への約束を守り続けるとともに、事業で大成功しなければならないからだ。

市場で得た資金を活用して、ランドリーズの収益は1993年の約3000万ドルから、2004年には約10億ドルにまで拡大した。

だが、それでもおれは満足していなかった。ランドリーズの一大ビジネス帝国を築き上げるという燃えるような野望を抱いていたのだから。ひとつの店で賃料を支払うために、10ドル95セントのシュリンプ・ディナーをいくつ売らなきゃならないか分かるか？　役員たちには話したが、レストラン事業ほど他社から抜きんでることが難しいビジネスはないだろう。多種類の食材を仕入れて、顧客に出せる料理に仕上げる。しかも品質の高いものを、継続的に。一方で小売業などは同じ製品を仕入れて自分では手も加えずにそのまま販売する。おれたちよりもずっと少ない人数でだ。カジノにはスロットマシンがある。販売する商品はない。スロットマシンは人々が金を預けるという意味では銀行と似ている。ただし、必ずしも全額を返さなくても済んでしまうが。

長年にわたり、家族とともにラスベガスを訪れることが多かったおれは、カジノ事業に参入しないかぎりランドリーズは非常に大きなチャンスを逃したままだと感じていた。そこで２００４年、ランドリーズは銀行融資と社債発行を通じて、レストラン企業としては当時のウォール街で最大規模となる8億ドル以上の資金を調達した。現金を携えて、おれたちはラスベガスのゴールデンナゲットを買収することができた。

当時の所有者は十分な運転資本を持っていなかったので、おれが手持ちの3億４０００万ドルを見せると、すぐにゴールデンナゲットを売ろうと決めてくれた。ランドリーズがさらに1億８０００万ドルをカジノ設備の改修に投じたことで、ブランドは再生を果たした。その後の10年間で、新しく4軒のゴールデンナゲット・カジノ＆ホテルもつくった。現在ではカジノ産業のなかでもっともよく知られた名前のひとつになっている。

だが、これまで話してきたように、好況のときにこそ不況が来ることを忘れてはならない。２００８年から２００９年にかけてアメリカを金融危機が襲ったときが、そうだった。あらゆる消費関連株においてレストランやカジノ関連を含む多くの株があおりを食らった。あらゆる消費関連株において、マルチプル（株価と収益力との相対比較。投資尺度を示す）が下がったことから株価が下落した。

悪いニュースだと受け取った者もいただろうが、おれにとってはチャンスだった。そう、不況のときは、また好況期が訪れるという事実を、誰もが忘れがちになっている。ランドリーズの株価もとんでもなく落ち込んだが、おれは強気の買いに打って出た。万一に備えて蓄えていた現金にビジネスを通じて親しくなった友人たちの助けも借りて、不安と混沌とがウォール街を覆っていた２００９年、市場に出ていたランドリーズの全株式を買い戻し始めた。ちょうどゼネラル・モーターズや世界最大手の保険会社ＡＩＧなどが倒産し、リーマン・ブラザーズやベアー・スターンズが破綻に追い込まれたころだ。その後、金融市場が回復して、思ったとおり株式市場のマルチプルも正常値に戻った２０１０年に、おれは購入を終えた。12億ドルの収益を上げ、年間２億ドルのキャッシュフローを生み出しているランドリーズの一人株主になったことで、個人純資産額でフォーブス４００に初めて名を連ねることになったわけだ。

これは資産が爆発的に増えたという素晴らしい話だが、チャンスをものにするまでに十数年を要したという実例でもある。そして基本的には、株式を公開して一歩、16年もたってから買い戻してまた一歩、と段階的に進めてきたものだ。

「あなたはマラソンを走りたいと言いながら、普通に歩く姿すら見せていない」

〈ビリオンダラー・バイヤー〉の番組で、ある起業家にこう言ったことがある。「おれは高望みをしたことがない。物事は一歩ずつ進めてきたし、それには長い時間がかかった」。別の起業家には、「あなたはマラソンを走りたいと言いながら、普通に歩く姿すら見せていない」と言った。

これまでいろいろなタイプの起業家と仕事をしてきたが、多くのビジネスオーナー、特に若いやつらは、その点をなおざりにしている。がまんすることを放棄してしまうのだ。優秀な経営者たちが、あまりにも大きな成果を、あまりにも早く上げたがる。

これは謙虚さの問題に立ち戻ることになる。自分自身と自分のビジネスに謙虚な気持ちで向き合えば、現実的にできることとできないことが、自ずと分かるはずだ。そうすれば、いつ現れるとも分からないたったひとつのビッグチャンスを待っていらいらすることもなく、小さくても確実なチャンスをつかまえて活用できるだろう。合理的な目標をかかげることもできる。

忍耐は、取引に向き合う姿勢にも影響を及ぼす。新たな取引を成立させようと前のめりになりすぎて失敗する起業家は多い。取引できるなら何でもする、というメッセージを発してしまうことになるからだ。これでは後々思わぬ面倒につながりかねない。仕事が獲得できたとしても、望んだ内容になっていない可能性もある。相手は、起業家のはやる気持ちをうまく利用するに違いないのだから。

おれのやり方を教えよう。考慮しておくべき要素はすべて検討し終えたうえで、おれは自分に可能なベストの条件を提示する。交渉相手にはそれが「ぎりぎりの線」だと伝える。もしそれで折り合えるなら、何より素晴らしいことだし、折り合えないなら、交渉打ち切りの準備を始める。

ここで重要なのは、提案の内容を正直に伝えること、そして伝えた内容は守ることだ。相手が内容に同意しなければ交渉を打ち切る、と伝えたのなら、その局面になればそのとおりに行動しろ。なぜか？　多くの場合、あなたのオファーが純粋に公正な内容ならば、相手は必ず交渉のテーブルに戻ってくるし、取引は成立するからだ。

交渉が復活するよう仕向けろ、という言い方でもいいかもしれない。これをやり抜くには、忍耐や信頼が求められるが、チャンスを引き寄せるためには有効な方法だ。

ときには、こちらが取引を追い求める立場でもいいだろう。だが、できるだけ、取引があなたを追い求めるよう時間をかけることだ。

聞け！

覚えてほしいのは、**あらゆるチャンスは追求すべきだが、現実的に、**というこどだ。どんなチャンスでもいいわけではない。**適正なチャンスでなければダメだ。**次の機会は必ず訪れる。交渉の席を蹴ることを恐れるな。**交渉を求めすぎるな。相手に求めさせろ。**

すべての取引でホームランを狙う必要はない。シングルヒットを重ねていけば、一本の長打と同じ意味を持つ。

TILMAN'S TARGETS

ティルマンの教え

・起業家として、夢を持て。ただし現実的な夢を。
・取引を追うな。取引に追わせろ。
・すべての取引がホームランである必要はない。
・チャンスを見抜くためには忍耐が求められるし、次の機会は必ず訪れる。

12 飢餓感を保つこと

優れたアスリートたちは、ここぞというときに、必ず最高のパフォーマンスを発揮する。試合に勝つたびに、まるで初勝利のように狂喜する野球の強打者や、体勢を崩したスリーポイントシュートに熱意を傾けるバスケットボール選手を見ると、そのアスリート魂に感動すると同時に、一体どこにそれほどのモチベーションがあるんだろうと人は思ってしまう。

あれほどのエネルギーを、なぜ維持し続けられるんだろう？　もう何度も優勝しているのに、なぜもう一度頂点に立ちたいと思えるんだろうか？

答えは簡単。つねにハングリーだからだ。

これは誰にとっても重要な教訓だ。自分の仕事に関しては、絶対に飢餓感を失うな。

起業家にしてみれば、簡単なことかもしれない。大きな夢を抱えて、今まさに船出しようというときだ。飢餓感の維持について思い悩む必要など、ないだろう？

しかし、新たに会社を立ち上げること、今のビジネスをさらに一段階レベルアップすることは、かなり骨の折れる仕事だ。体のことだけを考えても、毎日14時間、休日返上で働けば、どんなに屈強なやつだってへたばってしまう。精神的な負担や緊張もある。それまでの蓄えを全額使って勝負に出ているやつ、家族に当てにされているやつだっているだろう。そんななかで、ひと息つくために時折休息をはさむのは、なんとも魅力的に思える。

時折休んだってなんの問題もない。だが、本当に成功したいのなら、そして成功を積み重ね続けたいのなら、そのたびに飢餓感を取り戻せ。

聞け！

まず、おれが何度も唱えてきた**シンプルなルールを思い出せ**——自分の得意と不得意を知れ。ビジネスを築くための必須要件だ。**自分の得意領域を知り、それ以外の領域を得意とする仲間と組めば、バランスの取れた強みで問題に立ち向かえる**し、同時に新たなチャンスを生かせる。

だが、得意領域については自分自身で吟味しろ。**あなたには得意領域がある。**だったらその領域で最強になってやろうと思わないか？　あなたが知る**誰よりも強力な強みにするべきじゃないだろうか？**

おれが定義するビジネスの成功は、金もうけと切り離せない。だからといって、人生の成功は金額や財布の中身だけでも計れない。

それでも、金という要素をうまく活用することは可能だ。どうやって？　飢餓感だ。おれはいつも、自分には手の届かないもののことを考えてきた。

つまりこういうことだ。あなたが心からやりたいこと、所有したい物を思い浮かべてみろ。だが、それを実現するために必要な金を持っていない。そこで飢餓感が生まれる。あなたがハングリーでいるための、それが強力な手段だ。

もちろん、飢餓感も人によってさまざまだろう。若い起業家は家を買えなくて飢えているかもしれない。多少成功すると、ほしいボートが買えずに飢餓感を覚えるのかもしれない。その夢が何であれ、飢餓感があれば、強いハングリー精神を持てる。

おれにとっては、地元でスポーツのフランチャイズチームを持つことが長年の夢だった。ヒューストン・ロケッツを買って、その夢は実現した。22億ドルの値付けに対して、おれは払い戻し不能の現金1億ドルを積んだ。その前にも買収のチャンスはあったが、当時おれは８５００万ドルという金を出せなかった。すでに大きな資産を持っていたのに、それでも買えなかったんだ。おれは飢餓感を覚えた。そのときはもう二度とこんなチャンスは訪れないだろうと思っていた。プロチームなんて、そうしょっちゅうオーナーが変わることもないだろうから。だがその後、ロケッツはふたたび売りに出された。おれはなんとか買収の方法を見つけることができて、実行したわけだ。

そういう執念も、ハングリーさを持続させてくれる。自分の資産が5億ドルになった時点でやめることもできたが、目標はフォーブスの億万長者リストに載ることだったから、おれは走り続けた。ベストになりたければ、ハングリーであり続けろ。ビジネスの世界はおれにとってスポーツと同じだ。ただ、勝敗は数えられない。もうけた額でしか成功度を測れないのだ。

ハングリーであり続けるためには、大局的な視点を持つことも重要だ。物事が順調に回っている間は、いとも簡単に歩みを止めたり現状に甘んじたりしてしまう。なぜ必要もないのに自分に活を入れなくてはいけない？　今を楽しもうぜ、と。

1980年代初めにヒューストンの金融業界で起きた話を覚えているだろう。銀行家、サラリーマン、政治家、誰もが好況はこのまま続くと思い込んでいた。そしてそれは完全に間違っていた。

大局的視点を身につけておけば、ハングリーであり続けることは難しくない。あなたの会社が今日たまたま好調だからといって、これからも同じ状況が続くなどと気楽な思い込みをするな。なぜなら、絶対に続かないからだ。そしてあなたも、そのときになれば実感させられることになる。好調なときにこそハングリー精神を持て。そうすれば、景気が後退したときに、周囲よりもずっと良いポジションに立てるだろう。

厳しい時期にこそ、前に進める。周囲で何が起きても変わらずにハングリーであり続けるなら、苦しい時にその飢餓感を保つことも、もっと強めることも容易になる。そこでわざわざ気持ちのギヤを入れ替えずにすむんだ。

「状況に関わらず、雄牛たれ」

ここまでをまとめるならば、おれからの大切なメッセージは次のひとことに尽きる――雄牛たれ。強い気持ち、機敏さ、自信、のことだ。そして言うまでもなく、何かが起きかけているか、これから何が起きるかに関わらず、常に備えを怠るな。おれの場合の強気は、ヒューストン・ロケッツ買収を成し遂げるために、他に有力候補がいたにもかかわらず億に上る払い戻し不能の現金を差し出したことだ。あなたも、自分のビジネスで同じくらいの強気を発揮しろ。

いいか、誰にでも困難は襲ってくる。雄牛は、その一撃を避ける備えもできている。たとえば、第2項でおれは流動資産の話をした。不況の時期、他のやつらが苦戦しているときこそ、雄牛たるあなたが突撃すべきだ。飢えた雄牛は、周りが生き残るために混乱しているときにチャンスをものにする。周りが弱っているときにこそ、強い雄牛たれ。

飢餓感を持つこと、持ち続けることは、ひとりでは難しい。あなたと同じくらいやる気とハングリー精神にあふれる仲間と組み、ともに働け。情熱ある人間は、それだけで価値がある。情熱的な人間の集団なら、もはや何物にも代えがたい財産だ。逆に、あなたがいくら情熱的でハングリーだったとしても、無責任なやつと組めば、確実にフラストレーション、苦痛、失敗が待っているだろう。

最後に。ハングリーであり続けるためには、目の前にどれほど乗り越えられないような壁が立ちはだかったとしても、障害だと思うな。あらゆることをチャレンジだと思え。目的地にまでたどり着くための、解決策を必要とするステップだと思え。

これについてはあとでより詳しく話すが、ここでも触れておく。多くのやつらが、特にビジネスの世界で、あまりにも簡単にあきらめてしまう。何かの課題にぶつかったんだろう。あるいは深刻なやつに。もう乗り越える手立てはないと思い込んでしまったのかもしれないが、それでギブアップだ。

あなたは、自宅が差し押さえられないかぎり、絶対にあきらめるな。それまでの間はあらゆる手を打てるし、何だってできる。物事を乗り越えられない障害と見るのでなく課題解決の目線を持って臨むなら、あなたは自分のビジネスを新たなレベルへ、そしてその先のレベルへと進め続けるために不可欠な飢餓感を失わないだろう。

TILMAN'S TARGETS

ティルマンの教え

・周囲に、あなたと同じくらい強いモチベーションの持ち主ばかりを置いて、彼らとともに働け。

・つねに飢餓感を失うな。そして自己満足に陥るな。

・特定の領域で誰よりも強くなれれば、それが成功だ。

・好況のときに飢餓感を持ち続ければ、困難な時に必ず報われる。

・あらゆる課題を障害ととらえず、チャレンジだと思って取り組め。

第5章

リーダーとして生きろ

物事がうまく進んでいるときは、どんなリーダーでも有能に見える。本当に優れたリーダーシップが発揮されるかどうかは、苦境のときにこそ分かるものだ。

おれの見方で言えば、リーダーシップとは他人に何かを強制するものではない。実際問題、人々は誰かに率いてもらいたいと思っている。具体的に言えば、優れたリーダーに率いてほしいと。

不況のとき、それはなおさら真実になる。厳しい時期にこそ、全員のやる気をかき立て、目標に集中させるため、優れたリーダーが前面に立つ。そのときリーダーは、恐怖や不安をあおったりしない。必ずくるより良い未来に向けて、準備するチームを支えるのがリーダーだ。

こういう言葉もある。偉大なリーダーとは生まれつきで、後から身につくものではない。誰かが優れたリーダーなのは、そういうやつだからだし、これまでもそうだったから、つまり生来の気質だというのだ。

ある程度はそのとおりだろう。確かに、生まれついてのリーダーというのはいる。リーダーとしてのスキルと能力を兼ね備えているやつだ。だが同時に、おれはすぐれたリーダーシップのスキルは教えられるものだとも考えている。しっかりした助言と指導に耳を傾ける意思があれば、誰だって少なくとも今より良いリーダーになれる。

優れたリーダーシップと優れたビジネスは密接につながっている。これから話すのは、リーダーシップのスキルを高めるためにおれが学び、実践してきた戦略だ。そしてそのスキルは、ビジネスをレベルアップするために、日々向上させられるのだ。

13 リーダーは、まず相手の話を聞け

人間が2つの耳とひとつの口を持って生まれてきたのには、ちゃんと理由《わけ》がある。どこかに落ちていた2つ目の耳が、突然くっついたわけではない。

おれたちに2つの耳とひとつの口が備わっているのは、話すよりも聞くほうがはるかに大切だからだ。それは誰にも等しく当てはまる事実だが、優れたリーダーにはなおさら当てはまる。

優れたリーダーは、時間をかけて人の話を聞く。共同経営者、従業員、アドバイザー、そして顧客。おれはカジノで、ブラックジャックのテーブルや、スロットマシンをやっている人のところへ行く。現場で聞く話には多くの示唆がある。つまらない雑談がどれほど多くても、役立つ情報をひとつでも聞き出せれば、さらに良いリーダーになれる。そして聞く回数が多いほど、有用な情報とそれ以外の情報が区別できるようになってくる。

有能なリーダーは、すべての人が何らかの価値を提供できる、ということを分かっているので、一人ひとりに時間を割き、注意を向けて、耳を傾ける。聞くことでより良いリーダーになれるからだ。

これは、本書でおれが繰り返し強調している話につながる。自分は何を知っていて、何を知らないのかを正しく理解すること。優れたリーダーなら誰もが大切にしている、自分に対する正直さという資質だ。彼らは、自分の知っていること、知らないことを理解している。そして知らないことについては、他人に学び、頼るという姿勢を持っている。

よく言われることだが、優れたリーダーは自分よりも賢明な人材を周囲に配置する。配置するだけで、耳は貸さないのか、あるいは無視するのか？　もちろん違う。自分のチームでは、必ず一人ひとり価値を発揮できるようにしろ。おれは、その考え方に基づいてメンバーを決めている。

ただし同時に、これは自分の直感を信じるな、という意味でもない。逆だ。直感を利用しろ、信じろ。人の話を聞くときは特にそうだ。あなたにとって有用なアドバイスとそうでないものを聞き分けろ。

さらに言えば、正確な話と不正確な話も。

さて、自分にアドバイスをくれる人材の話だ。実際に仕事をしてみて、おれがむかついた職業がある。穏便な言い方をするが、外部のコンサルタントを雇うのはあまり好きじゃない。理由のひとつは、金がかかるからだ。あいつらの多くは、自分をどんどん不可欠な存在に仕立てていく。仕事をすればするほど、もっとあいつらが必要になり、それだけ多く費用を払うという仕組みだ。まったくもって願い下げだ。

「コンサルタントに頼りすぎるな」

さらに言えば、自分の周囲に第三者を置くと、しばしば逆効果にもなる。たしかに客観的な視点は提供してくれるが、そもそもチームを置く目的は多様な視点だ。それに、このビジネスについて誰よりも熟知しているのはあなたや、あなたとともに毎日働いている人たちだ。あまりにも多くのＣＥＯが、コンサルタントを頼りすぎている。

良い聞き手になれば、他にもさまざまな効果がある。いつだったか、おれはいくつかのホテルの支配人やスタッフたちと会議をしていた。そのときの議題は、宿泊料の15％値引きというプロモーションについてだった。こういうキャッチコピー案が出た。「ＢＡＲの15％引き」。

宿泊業の関係者でもないかぎり、そのコピーを耳にすれば、ホテルのバーで1杯分が15％値引きされる、と思うだろう。だが、そうじゃない。このとき、ＢＡＲとは宿泊料を指していた（ある時点で表示された価格、あるいはbest available rate）。

みんなの議論を注意深く聞いていたおれは、みんなにメッセージはシンプルに伝えるよう求めた。

「君たちはホテルの業界用語を使ってる」とおれは言った。「お客さんがホテルのバーに来て『15%値引きしてもらえるんじゃないのか？』って言うだろう。君たちにはこれが宿泊料を指すと分かっていても、彼らには伝わらない」

周囲の人たちの話を聞いたからといって、必ずしも同意したり影響されたりする必要はない。それではだめだ。だが少なくとも、より多くの人の話を参考にすれば、より賢明な判断を導き出すことにつながるはずだ。あなたのビジネスの改善すべき領域に関して、新たな知見をもらったことになる。視野を広げてくれるのは、悪いことじゃないはずだ。

リーダーとして、良い聞き手でいれば、対外的に話をするときに業界用語を使ってしまうといった落とし穴にはまるのも防げる。日々の仕事では、ときに内輪だけで話が完結してしまうので、従業員にしか通じない言葉を無意識に使う。話をきちんと聞いていれば、大きな問題につながりかねないそうしたミスを減らすことができる。

おれは、日々仕事で出会う人たちとのやり取りに関して、それほど多くのルールは設定していない。ただし、信仰のようにこだわっていることがひとつだけある。おれに対して、絶対にでたらめを言うなってことだ。良い情報は受け入れる。悪いニュースも受け入れる。だが、真実を隠したり聞こえのいいよう変えたりするためだけに言葉を取り繕うことを、おれは認めない。言いたいことがあれば、言えばいい。おれは仕事仲間に対して単刀直入に話すが、おれに対しても同じように話してほしいと思っている。おれのオフィスに入ってきたら、絶対にでたらめを言うな。おれは必ず説明を求める。なぜなら、たいていの場合でたらめはすぐに分かるからだ。

ひとつ例を話そう。以前、オクラホマにあるレストランの業績が、どういうわけか低迷していた。おれは、そこの地域の統括チームに理由を聞いた。そうしたらひとりがおれにこう言ったんだ。オクラホマシティーには「プロフェッショナルなダイナー」が何軒もあるからだと。

おれはそいつに言った。「ひどい言い方をするようだが、それは何のたわ言だ?」

おれが今まで聞いたなかで、もっとも支離滅裂で、誰にでもでたらめだと分かる言い訳だった。オクラホマシティーには「プロフェッショナルなダイナー」がある。そもそもどういう意味だ?　プロフェッショナルなダイナーって何だ?　なぜオクラホマシティーだけにあるんだ?　同じテキサス州内のヒューストンにも、オースティンにも、タルサにもそんなものはない。

おれは今でも、あいつが何を言いたかったのか分からない。だがいろいろな意味で、それはどうでもいい。真実がひとつも含まれていない、まったくのでたらめだった。あれほどのたわ言を聞いたことがない。どこにいても人間は人間だ。おいしい食事と良いサービスをリーズナブルな料金で楽しみたい。はっきりしているのは、おれたちにそれができていなかったということだ。

「ありもしない頭数を報告するな」

おれたちのホテルでは、こういう言い回しをすることがある。「ありもしない頭数を報告するな」。稼働率をごまかすな、という意味の、簡潔にして単刀直入な言葉だ。この単刀直入さこそ、自分に課している姿勢であり、ともに仕事をする全員に求めているものだ。良い聞き手になるというのは、良いコミュニケーションのつくり方を知っているということでもある。単刀直入を志向すれば、効率的で明快なコミュニケーションができる。

良い聞き手になれば、良いことも悪いことも聞こえてくる。最良のリーダーは、自分のリーダーシップに関する他人の意見に注意ぶかく耳を傾ける。そして、その内容を肝に銘じたうえで、より良いリーダーであろうとする。これは単刀直入であるという話にもつながる。あなたが他人に対して単刀直入に話す以上、相手からの単刀直入な言葉を、誠実に受け止めろ。

〈ビリオンダラー・バイヤー〉では、自分のリーダーシップに関する周囲の意見を受け付けない独善的なリーダーたちのせいで、優れた商品の価値が損なわれている事例も散見された。とある企業には、統率力や他者との意思疎通に問題ありという評価を受け入れようとしないオーナーがいた。「親分風を吹かせる」「愚か」「未熟」といった声が寄せられていたにもかかわらずだ。

結局おれは、その起業家とは仕事をしないと決めた。主たる理由はそのリーダーシップのありようだった。

聞き手に徹するといっても一日中他人の話に耳を傾けていろ、という意味ではない。相手の話が長すぎるとか、内容があっちこっちへ脱線してばかりいる場合などは、とくにそうだ。もし内容が不明確なら、分かりやすく話してもらうように頼め。単刀直入に話してもらえば、それほど長くはならないはずだ。

効率性の話でもうひとつ。おれが会議時間をできるだけ短くしようと心がける理由もそこにある。理想的には15分以内だ。もちろん、それ以上長くなることもしばしばだが、なんらかの時間制限を設けるだけで、一般的には会議の平均時間を短縮できるし、生産性も上がる。これは事業総括の会議でも同じだ。そうすれば、全員がその短時間のために万全の準備を整えるようになる。

おれが短時間会議の強力な信奉者である理由には、延々続く議論など誰だって好まない、という事実以上のものがある。短時間会議にすると、簡潔さも説明責任も求められる。たった15分かそこら集中するように仕向ければ、吟味された最良のプランだけが提出される。焦点は絞られ、的を射ている。目標は、全員が15分間集中して発表者に耳を傾けること。要点を議論し、手早く終える。

短時間の会議は、現在の目標や優先事項を徹底できるという点でも意義深い。たとえば、あらゆる事業でホスピタリティーの価値を強調したいおれとしては、何度でもその原則を繰り返して言えるという点で、短時間会議は理想的だ。限られた時間を使って、全員にその日のスペシャルメニューから調理から配膳の優先順序まで再確認させる。短く、的を射て。そのほうがメッセージは伝わりやすくなるし、理解される。

「質問する人間は、会議室にいるなかで一番賢明なやつである場合が多い。知らないことを率直に聞くだけの謙虚さを備えているからだ」

これまで話してきたように、おれは単刀直入に話すやつ、聞くやつを評価する。同じ文脈で、「分かりません」と言ってきても問題ない。単刀直入だし、的を射ている。でっち上げの言い訳を語るやつより「分かりません」のほうがはるかにいい。分からないと明かしたうえで「調べます」と付け加えてくれれば、なおうれしい。

これは、謙虚さの価値についての話ともつながる。あらゆる答えを知っているやつなど、どこにもいない。そのことが分かってさえいれば、真に偉大なリーダーにもなれるだろう。彼らは、分からないと言う部下がいていいと考える。あらゆる答えを知っているやつなどいない、ということが分かっているからだ。

人の話を聞くリーダーは、独善的ではないリーダーだ。ビジネスとも、仕事仲間とも、しっかりつながっている。

偉大なリーダーとは、自分のビジネスがどれほど成長しようが、自ら直接関わり続ける必要性を感じ、またそうしたいと願う人間のことでもある。関わり続けるために、汚れる仕事でも嫌がるな、というのがおれのアドバイスだ。

つまり、ビジネスを成功に導くためなら、必要なことはなんでも自分でやれ、ということだ。ささいな仕事、取るに足らない仕事など存在しない。おれの場合、たとえば自分が経営する店を訪問して、床にキャンディーの包み紙が落ちているのを見かけたら、自分で拾う。ホテルを訪れて、椅子が正しい場所に置かれていなかったら、必ずあるべき場所に戻す。

おれが言いたいのは、どんな局面でもスタンスを変えるな、ということだ。問題を見つけたら対応しろ。急成長している企業だろうが、新規に立ち上げたばかりだろうが、つねに自ら行動しろ。自分に忠実であれ。

聞け！

リーダーは、指示を出したら実行されているはず、などとは絶対に考えるな。おれが学んだ最大の教訓でもあり、みんなに伝え続けていることでもある。会社を立ち上げたら、あらゆることが思ったとおりに動いているかどうか、**自分の目で確かめろ。フォローし続けろ。**

おれはそれを、自ら実践している。ひとつ目のビジネスを立ち上げたときから現在にいたるまで、スタンスは変わらない。実際にこういうことがあった。おれが経営するポストオークホテルで、エレベーターを降りたとき、ちょうど客室に向かうルームサービスのカートがとおりかかった。ルームサービスの注文を受けるときには、いろいろな間違いが起こりやすいし、ケチャップやレモンを忘れたからといってすぐに取りに戻るのもなかなか難しい。だからおれは、機会があるごとに間違いがないか確認するようにしている。

おれは、そのスタッフを呼び止めた。まず勘定書きを見て、内容が正しいことを確かめた。カートの上の体裁も、全体として良い感じだった。それから、料理を見せてもらった。

スタッフが料理のふたを取った。そこにあったのは、付け合わせが一切ないハンバーガーだった。レタスなし、トマトなし、ピクルスなし、何もなし。ハンバーガーのバンズにハンバーグだけがのっていて、他には何も見当たらなかった。まったく基準を満たしていない。

おれは激怒した。今まで見たことのない、最悪の見栄えだった。これが他人のホテルならそこの責任者たちを笑いとばして終わりだが、ここはおれのホテルだ。ポストオーク。五つ星に輝く、世界でもトップクラスのホテルだ。99％は見事にやってのけている。だが今回は違った。

おれはすぐに料理の写真を撮り、ホテルの支配人とエグゼクティブシェフに送った。内外の賞を総なめにしているこのホテルが、これほどつまらない過ちを犯していたとは……。

前に話したとおりだ。あらゆることを疑ってかかれ。それがたとえ五つ星ホテルであったとしても。実際、おれは現場でそのように行動した。あらゆることが順調に運んでいるはずのところでだ。おれがやっていることは、30年前から変わっていない。

目指すべきは、できるかぎりすべてのレベルで関わり続けることだ。それが他の誰かにとって無意味に見えるほど細かいことだったとしても。なかには、床に紙くずが落ちているのを見つけても、たいした事件だとは思わない経営者もいるだろう。誰か他の人がやってきて片付けるのを待つだけかもしれない。

おれはまったく違う。あなたも違うはずだ。関わりたいだろうし、関わり続ける方法を模索しているだろう。

前に、切れた電球を10キロ以上離れたところから見つけられる、という話をした。ほとんどのやつらは、そもそも見つけないだろうし、見つけたとしても取るに足らないことだと思うかもしれない。だがおれにとっては、そして成功を目指す多くの起業家や経営者にとっては、取るに足らないことなどない。たったのひとつもだ。

リーダーも含めて、懸命に働く人間の姿を想像してみるといい。誰もが頭を下げているはずだ。そう、仕事に集中している姿だ。だが、ときどき頭を上げて、周囲に目を配ることも大切だ。ぐるりと見渡せば、大事な何かをうっかり見落とすこともなくなる。

そして、頭を上げたときは、じっくりと他人の話を聞く時間をつくれ。

TILMAN'S TARGETS

ティルマンの教え

・あらゆる人の話を聞く時間をつくれ。偉大なリーダーは、いつでも話を聞く。
・周囲には単刀直入に話し、彼らからも単刀直入に話させろ。
・会議は短くする。短ければ集中できる。
・できるかぎり、自分のビジネスには直接関わり続けろ。
・当たり前のことなどないと思え。

14 偉大な師たれ

ある日おれは、ルイジアナ州レイクチャールズにあるゴールデンナゲットのレストランにいた。前項でも話したとおり、ビジネスオーナーの重要な仕事は、あらゆるレベルで自分のビジネスに関わることだ。それを念頭に、おれはホテル内を少しぶらついてみようと思い立った。

歩いていると、ひとりのお客さんがフロントデスクに歩み寄っていくのを目にした。もちろん、チェックインするところだろう。すべては順調に進んでいるようだった。おれは次の場所へと進んだ。

30分ほどしてロビーに戻ってみると、その同じ女性が座っているのが見えた。バッグが脇に置かれているところからして、どう見てもチェックインできていないようだった。

おれはフロントデスクへ行って、何が起きているのかたずねた。返ってきた答えは「部屋のほうで、何かがおかしい」ためにすべてが止まっている、ということだった。おれは気になって、すぐにエレベーターで客室へと向かった。

部屋に入ると、スタッフたちが忙しく動き回っていた。はたから見るかぎりでは、チェックインに何の問題もなさそうだった。

「どうしたんだ?」とおれはひとりに聞いた。

「部屋のアイロンが届くのを待っているんです」と彼女は答えた。

「え?」

「備品のアイロンが届くのを待っているんです。ここに置くはずの分を、誰かがまだ使い終わっていないみたいで、それがすまないとこの部屋にこないんです」

おれは頭を振った。「つまり、おれたちはアイロン1個のためにお客様をロビーで40分座らせてるってことか?」問い詰められたスタッフは、肩をすくめただけだった。

部屋を見回すと、他にもゲストを迎え入れるにはほど遠い部分が複数箇所あった。アイロンに関するその重要な判断のおかげで、他のあらゆる作業が保留になっていた。

おれはフロントデスクに取って返し、同じランクで準備が済んでいる部屋はないか聞いた。ひと部屋あるということだった。それは今晩、これから何時間も後に到着する予定になっている別のゲストのために押さえてあるという。

「後から来る人はどうでもいい」おれはみんなに言った。「この問題を今すぐ解決するんだ。今ここで待っている人に嫌な思いをさせるな!　準備が整っている部屋を提供しろ。他の人についてはそれから考えろ」

明らかに、コミュニケーションが取れていなかった。スタッフのうち誰かひとりが上級支配人に相談してさえいれば、一瞬で問題が解決できたはずだ。自分の頭で考えようとするやつが誰もいなかったということだ。

だがおれは、誰でも体験から学べるということも知っている。だからこそ、優れたリーダーは優れた師でもなければならない。

師の教えがどのように伝えられるのかは、そのつど異なる。あるときは、そもそも起きてはならなかったトラブルに対処する姿から学べるかもしれない。ゲストが不必要にロビーで足止めをくらっているようなときだ。または、もっと日常的なルーティンに教訓があるかもしれない。たとえば、エントランスの水たまりにいつまでもモップがかけられていないときだ。

あなたがさまざまな問題に日々対応するなかで、問題解決の方法を決めるに至った道筋を、周りの人たちに積極的に説明すべきだ。あなたの考え方を細かく伝えるんだ。そしてそこから学ばせろ。

だからといって、あまり細かい決断まで説明しなくていい。あなたがどうやってモップを探し出し、エントランスの水たまりを拭くに至ったかなど、言うまでもないだろう。それでも、つねに目を見開いているべきであること、小さな問題点を探し続けるべきだということは、教訓として共有できる（何しろスタッフたちはモップの使い方を知っている）。

聞け！

師として、**大切な考えを部下に伝える最良のやり方は、**特定の局面において**自分と同じ行動を取らせることだ。**自分には意思決定能力があると思うなら――ビジネスオーナーとしては当然だが――**模範を示せ。自分にできることは、積極的に部下にもやってみせることだ。**

部下には、素早い意志決定には価値がある、ということも示せ。これは、自分のビジネスについては全部知っているべきだ、という話ともつながる。財務数値から業務の流れや仕組みまで、あなたはあらゆることを熟知している必要がある。そして知識があれば、素早い決断が可能になる。論理的に考えられるし、現実的な枠組みに落とし込める。

もちろん、あらゆる決断を正しくできるわけではない。どれほど知識が豊富な起業家でも10割バッターにはなれないほど、ビジネスの現場は驚きや未知の出来事にあふれている。だが、誤った判断は常に修正できるし、正しかった判断だけでなく、その誤った判断からも学びは得られる。むしろそうした間違いからこそ、より価値ある学びが得られるといってもいいだろう。

素早い意思決定ができれば、経営者としての自信も深まる。リーダーシップとは、さまざまな人や状況との結びつきであり、それらをコントロールできている、という実感だ。

そして、素早い意思決定には価値がある。それが、スタッフに教えることのできるもっとも貴重なレッスンかもしれない。自分の持っている知識を総動員して、走りながら考える。創造性を発揮して、問題には新たな視点で取り組む。そういった行動を一人ひとりが取れるように背中を押せ。仮にそこでミスが生じたとしても、その体験から学びが得られるかぎり、あなたは許容すべきだ。

走りながら考え、行動できる能力は非常に重要だ。ほとんどのビジネスにおいて、まったく同じ2日間というのは存在しないからだ。日付が変われば、新たな業務、新たな問題、新たな争点が生じるし、そのつど取り組んでいかなければならない。こういった仕事では、動きながら考える力が求められる。

採用面接では、おれたちは毎日の仕事マニュアルを持っていないと伝えている。毎日が新しいのに、マニュアルなど無意味だ。あなたのビジネスでも、同じだろう。自分の頭で考えられる人にとってみれば、むしろ理想的な状況に違いない。

そして、イート・ドリンク・ホスト社のブリタニー・ハンカマーとメーガン・オバリーをおれが高く評価するのもその部分だ。

ふたりの女性に会ったのは、彼女たちが経営する紙製品の会社について詳しく知りたいと思ったからだった。おれは、ふたりが開発した商品のクオリティーやアイデアに魅了された（「ちっちゃなお皿、カロリーちょっぴり」なんて言葉が浮き出し加工されている小さな紙皿になら、誰だって思わずお菓子を入れたくなるだろう?）。

そして、この会社はおれが課したテストにも楽々合格した。ヒューーストン・ロケッツの試合前、おれたちが普段使っている商品とイート・ドリンク・ホスト社のサンプルの両方を並べてファンにプレゼントした。結果、87％の人がイート・ドリンク・ホスト社製を選んだ。堂々たる結果だった。

だが多くのスモールビジネスと同様、たとえばおれの会社がこの製品を仕入れたいと思えるレベルまで価格を下げられるほど、彼女たちの事業規模は大きくなかった。それでも、商品のデザインが気に入ったおれは、自分が保有するビルズ・バー＆バーガーというレストランでこのデザインを独占的に使えるための権利料として1万5000ドルを提示した。

ふたりは躊躇なく、話を持ち帰らせてくださいとも言わず、おれの申し出を受けると即答した。本来ふたりが望んでいた取引ではなかっただろう。だが、提示内容をその場で吟味して、ふたりは受け入れるのが正しい判断だと確信した。

彼女たちの言い方を借りればこうだ。考えろ。素早く。成功しろ。

実践的に教えるということも大切だ。できるかぎりマンツーマンで動けば、自分が組んだ相手にとっては、あなたから直接学び、向上する機会が得られることになる。おれ自身はマーケティングや宣伝担当のスタッフと緊密に仕事をするよう心掛けている。広告やキャンペーンについて、どうすればもっと良くできるのかを、できるだけ伝えたいからだ。向こうからすればありがた迷惑かもしれないが、おれは、おれ自身を含む全員が、そこでの作業から学びを得られると信じている。

最高のレッスンは、必ずしも居合わせた全員にとって気持ちのいい、あるいは楽しい状況ではなされない場合もある。メッセージを伝えるために、あくまでも目的は教えることだと念頭に置いたうえで、おれはあまり穏やかとはいえない行動に出るのだ。

会社がまだ小さかったころ、各店舗の総支配人が集まる会議があった。ひとりが、新入社員を積極的に採用したいので、そのためのロゴマークを独自に開発したいと言い出した。

おれは不愉快になり、そいつにはっきりとこう告げた。会社にはマーケティング部門があり、明確な理由のもとに開発されたロゴマークがすでに存在している。会社としてのメッセージを分散させるような新ロゴをおれが認めることはあり得ないと。

そのときおれは、全員の前で彼を見せしめのように扱っていることに気づいた。そして同時に自分のメッセージ自体は明快だとも思った。ここにいるみんなは、今後二度とこのような提案は上げてこないだろうと分かった。

終了後、おれは彼のところへ行き、会議での接し方をわびた。そこまでつらくあたる意図ではなかったこと、メッセージをはっきり伝える機会を、結果としておれに与えてくれたということも説明した。

こうしたことは、実はひんぱんにある。そのつどおれは、必ず相手のところに行き、肩を抱きながら、自分の要点と激しい行動を取った理由とを説明する。嫌な体験そのものはすぐに忘れてほしいいし、学んだ教訓については長く記憶にとどめてほしいからだ。

またあるとき、おれはサン・アントニオの店舗にいた。キッチンに入ると、ゴミ箱の中に落ちているカトラリーが見えたんだ。給仕や給仕助手が皿に残った食べ物を捨てるとき、カトラリーまでゴミ箱に突っ込んだのだと分かった。

おれは激怒した。ゴミ箱をひっくり返し、内容物を床にぶちまけた。キッチンのみんなが見ている前で、おれは支配人と給仕助手と3人で残飯を拾い、カトラリーと選り分けた。それから給仕助手の気が少しでも晴れるようにと、20ドルのチップを渡した。

このエピソードには、いくつか重要な教訓が含まれている。1番目、自分の資産を守れ。2番目に、会社のオーナーがゴミ拾いのため身をかがめたら、周囲のみんなも拾うという文化があること。支配人が給仕や他のスタッフと一緒に実行すれば、誰もが手を出せるし、そうすべきだということを全員が学べる。手が汚れたって一向にかまわない。

おれは、仕事をきちんとこなす人間は正しく評価すべきだと考えているが、そのために延々教え続け、一緒に行動すること自体が目的になってはいけない。優れた仕事については認められ、報われるべきだが、良い仕事というのはある意味できて当然だし、永久に褒め続けるべきものでもない。企業文化の問題だ。あなたの会社でも、最高のパフォーマンスを追求する文化にすべきだ。社員が良い仕事をすれば素晴らしい。だが、それ自体は普通のことでもあり、特別だとか異例だなどと考える必要はない。

マンツーマンの教育は、特定の層だけでなく、すべての人が実践すべき取り組みだ。企業経営においておれが考えるもっとも重要な原則のひとつは、とてもシンプルで、かつ教えることと深く関係している——自分は誰かに教えるには不釣り合いに地位が高すぎる、などと考えるな。前に言ったことに通じるが、偉大なリーダーはつねに謙虚だ。ひとに何かを教えることについても、これは当てはまる。

おれのレストラン事業では、上級支配人クラスにこう伝えている——自分は給仕助手に何かを教えたりシェフを訓練したりするには肩書きが違いすぎるとか、忙しすぎる人間だなどと思うな。接客マネジャーやキッチンマネジャーに丸投げするな。そうではなく、給仕助手をテーブルに連れていき、何を期待しているのか具体的に説明しろ。こんな風にテーブルを拭いてほしい。こんな風にフロアをチェックして食べ物が落ちていないか確認してほしい、といったことだ。人間の足だって手と同じくらい清潔にして当然だろう！　客に子供が含まれていたら、帰った後、周囲にケチャップやバターのかけらが付いていないか確かめろ。

こういった実用的な教えはかけがえのないものだ。もし支配人が給仕助手に対して、環境や状況はつねに変化するものだということを教え、対処の仕方を示したなら、その助手にとっては1週間の集合研修よりもはるかに学びの多い5分か10分になるはずだ。

そしてこれは、給仕助手に対して訓練と同じくらい貴重なもうひとつのことを伝えている。その従業員が大切な存在だというメッセージだ。彼、彼女は、自分には存在価値があると思い、こう考えるだろう。総支配人が時間を割いて、私により良い仕事の仕方を教えてくれるということは、私はビジネス全体にとって意義ある仕事をしているはずだ。

「自分は誰かに教えるには不釣り合いに地位が高すぎる、などと考えるな。おれは今も毎日教えている。しかもそれと同じくらい大事なことに、おれは教えた分だけ人から学んでいる」

おれにとっては毎日が学びの実体験だし、それは誰にとっても同じはずだ。日々必ず、おれが学ぶべき何かを、部下が実践している。もしあなたがリーダーとして自分の持つ知見を広く周囲に教える姿勢でいるならば、周囲があなたに授けてくれる教えをすべて吸収し、自分の糧にできるだろう。

良い学び手とは？　立ち止まって話を聞ける人だ。自分で時間をつくって他人の話を聞くようにすれば、そして毎日ひとつずつでも小さな学びを積み重ねていけば、次の日にはそれまでよりさらに優れた起業家、オーナー、マネジャー、従業員になれる。

TILMAN'S TARGETS
ティルマンの教え

・良きリーダーとは良き師でもある。あらゆる機会を使って他人に教えるべきだ。
・自分の頭で考え、創造性を発揮することをみんなに促せ。
・失敗を恐れるな。失敗からは成功よりも役立つ学びが得られる。
・偉大なリーダーは学び続ける。

15 変われ、変われ、変われ

起業家を含めて多くの人は、変化を恐れる。おれは違う。変化を好む。いつでもこう言っているくらいだ。「変われ、変われ、変われ」。

変化することで、おれたちは向上し、以前の自分から脱却し、過去の失敗をただす機会を得られる。逆に変化しなければ、さらなる変化にはもはや付いていけず、「はじめに」で触れたように、予想外の困難に見舞われても対応できない。

変化には素早さも必要だ。

前項で、偉大な師であることの意義を話した。つねに教える心構えを持っていることが極めて重要なのは、周囲にも変化し、成長してほしいとあなた自身が願うからだ。一人ひとりにより良い仕事をしてほしいからだ。自分の頭で、素早く、創造的に発想してほしいからだ。

聞け！

ごく当たり前の事実として、**好むと好まざるとに関わらず、変化は起き続けている。**あなたはその変化を予測し、**機敏に反応することで、ビジネスを有利に運べる**はずだが、一方で**変化を無視し、否定することもできる。**

「はじめに」で話したように、変化への対応いかんでは困難にも襲われる。ゼロックス、コダック、ブロックバスター。よく知られた名前ばかりだが、環境変化に対応し損ねたばかりに、業績不振などの試練が各社を直撃することになった。

おれは、変化はつねに存在することとその重要性をしょっちゅう社員に説いている。自分のビジネスをどう変えるべきか、考え続けることが非常に大切だ。なぜなら、業界の秩序はつねに混乱のなかにあるものだし、トレンドはさまざまなものを変えてしまう力を持っているからだ。最先端の製品やサービスで業界を先導する気構えがなければ、あっという間に遅れを取ることになる。先行するライバルの後ろ姿を、指をくわえて眺めるくらいなら、チャンスを見据えて先頭に立て。

コカ・コーラは良い事例だ。1種類のソフトドリンクだけを販売していた会社がラインナップを広げ、他にもさまざまな商品を開発するようになった。当然、デザインや見栄えも変えた。もし昔のような1種類にこだわっていたなら、今ごろ生き残っていたと思うか？　まあ、可能かもしれない。だが、変化を追求したおかげで、強力な推進力を得たのだ。

コカ・コーラのケースはまた、変化を予測することの重要性も教えてくれる。この会社は、マーケットがあらゆる方面で変化していることに気づいたおかげで、対応する商品をつくり出せた。

「変化を予測すれば、あなたは時代とともに変わるだけでなく、時代そのものを変えることもできる」

おれのレストラン事業も変化し続けている。料理のメニューも、スタッフの制服も、流す音楽も、店のレイアウトや雰囲気も。おれが２０１１年に買収したモートンズ・ザ・ステーキハウスは、１９７８年に最初の店を構えてからどんどん人気が上がり、おれがそのコンセプトを買い取った時点では70店舗を超えるチェーンに拡大していた。それなのに、たったひとつの大切なことだけ抜け落ちていたのだ。変化、変化、変化。

世界的にもこれほど有名なステーキハウスのブランドが、いまだに30年前と同じやり方に固執していた。赤い革張りのソファ、そこら中で使われているダークマホガニーの木材、タキシードとボウタイのメートルドテール、音楽はなし。焼く前の肉を載せて、最初に各テーブルを回るカートまでまったく同じ。このブランドは、顧客の幅を広げる必要があった。

２０１１年の段階で、デルフリスコーズ、マストロズ、ＳＴＫ、その他の最高級ステーキハウスはどれも、見栄え、センス、雰囲気などの点でモートンズを上回っていた。おれがどうしたかって？　変われ、変われ、変われ、だ。まったく新しい内装を施し、現代風の家具と入れ替え、制服も一新し（ボウタイとタキシードは廃止した）、照明を暗くし、音楽をかけ、メニューを増やした。どうなったと思う？　来店客が増え、売り上げが伸びた。以前から店を愛していた顧客は変わらず来てくれたし、モートンズなんておじいちゃんの世代が結婚記念日に使ったところだろうと思っていた新しい世代の顧客層にまで門戸を広げられた。

どうすれば変化を予測できるか、聞きたいか？　本書のタイトルを贈ろう。「黙っておれの話を聞け！」

聞け！

社会の変化に注意を払え。たとえば、健康志向や、産地直送の食材への関心の高まりだ。**自分の顧客層を理解しろ。**彼らは今何に価値を置いている？　**テクノロジーのトレンドやイノベーションにも注意を払え。**そのなかで、ビジネスの価値と魅力を高めてくれるのはどれだ？　**顧客と話せ。従業員と話せ。**多様な人たちと話すほど、変化の様相を幅広い視点から、より正確につかむことができるし、対応もできる。

変化に対して先手を打たないかぎり、あなたが変化を利用するのでなく、変化に翻弄《ほんろう》されるだけで終わる。いつも言うように、手をこまぬいているだけだと、あなたの商売は終わってしまう。

変化に柔軟に対応することがどれだけ大切か、ひとつの例を話そう。最高裁判所が最近、全米の各州に対してスポーツ賭博の解禁を認める判断を下した。知っていると思うが、おれのビジネス全体のかなりの割合が、カードゲームやスロットマシンなどギャンブルに関わるものだ。

これへの対応として、ひとつは、既存のギャンブル事業により本腰を入れて、合法となったスポーツ賭博に食い荒らされないよう努力する。もうひとつは、この種の変化を積極的に受け入れて新しい利益機会ができたと見なす。おれたちは後者を選んだ。

この件でＣＮＢＣのインタビューを受けたとき、おれはこういう言い方をした。「我々はみな進化しなければならない」

変化への理想的な取り組み方を言い表せたと思っている。変化は起きるんだから、あなたとあなたの会社は、変化から最大の利益を上げろ。

あらゆるビジネスは、変化への継続的な対応を迫られるものだ。レストランなら、たとえば音楽のボリュームを少しだけ上げたり、相席をつくったり、最近人気のシシトウ乗せアボカド・トーストをメニューに加えてみたり。

そうなると、ひとつの疑問が浮かんでくる。いつ変化すれば良くて、いつ現状維持するほうがベターなのか？　答えは簡単だ。テストしろ。〈ビリオンダラー・バイヤー〉を見たことがある人なら、多くのエピソードで最低1度は、番組が取り上げた小さな会社の商品と競合商品とを比較したのを覚えているだろう。実際の顧客からおれの会社のスタッフまで、いろいろな人に聞いて回る。どっちが良いか、その理由は？

変化を顧客に評価してもらうのは、とても大切なことだ。ひとつには、率直な反応が返ってくること。そして大切なのは、潜在的な顧客の話が聞けるということだ。自分の評価でも同僚の評価でもなく。そして、前にも話したように、それがマスに商品を届ける最良のやり方だ。顧客が望むものを提供しろ。

変化に関するアドバイスをあと２つ。おれが新商品を他の商品と比べるときは、回答者の80％がその変化を肯定しないかぎり認めない。たとえば、新しいサラダドレッシングを10人に試してもらうなら、最低でも8人が新しいほうを選ばないかぎり、おれたちは検討の対象にさえしない。つまり、それほど高い確率で選ばれるからこそ、どんな決断であっても確信を持ってできる。筋の通った変更が行えるということだ。

2つ目。何かのカット、削減を伴う変更をするなら、それが顧客に悪い影響を与えないようにしろ。

前に、ビジネスを成長させるために経費を抑える話をした。その場合は、顧客体験を損なわないように実践しろ。

たとえば、あなたがレストランの経営者だったとする。これまでのように、すべてのテーブルに無料でパンを出し続けていると、とんでもなくコストがかさんでしまう。それをやめる代わりに、そのつどパンがほしいか聞けばいいのだ。それなら顧客体験に影響しない。むしろ、顧客に判断を委ねることで、より満足度の高い時間を過ごしてもらえる。顧客の体験を損なわずにコストを減らせたわけだ。

同じように、配達車両をより小型でコスト効率の良いものに変えても、顧客への影響はない。同じ製品を少し違う方法で受け取るだけだ。スケジュールどおりに受け取り、頼りになるカスタマーサポートがフォローしてくれれば、顧客が目にするものは何も変わらない。

他には、どうすれば変化にうまく対応して、変化を利用できるだろう？　実証されている方法のひとつは、社内で適切な人員配置を行うことだ。変化を生かすために、それぞれが持っているスキルを最大限発揮できる環境を整えればいい。

これは、前に話した重要な問題にも関係してくる。成功するビジネスには、経験とスキルのバランスが取れた人材構成が必要だ。経理が得意な人、企画が得意な人、といったことだ。このバランスは、特定の専門知識が必要とされるような問題、つまり変化に伴って生じるような問題の解決には、必要不可欠だろう。適正なバランスで人材が配置されているかぎり、適正な決断を下すときに、必ず誰かが貢献してくれる。

バランスの取れた人材構成は、変化に向き合ううえで不可欠だ。変化は機会につながるが、同時に不確実性、不安定性、ひいては混乱をもたらすこともある。正しい人材を、それぞれのスキルが最大限発揮できる正しいポジションに配置しているかどうかで、変化のときにビジネスを次のレベルに引き上げられるのか、変化に圧倒されて苦しむことになるのかが分かれてくる。

１９８０年代のテキサス州であらゆる金融機関がつぶれた話を思い出してほしい。その多くに債務があったおれの会社も、あのときは銀行と同じくらい一瞬にして命脈を断たれる可能性があった。

だがそれは起きなかった。他のやつらみたいにもがき苦しむことを良しとせず、すさまじい変化を自分のために利用しようと決めたからだ。好むと好まざるとに関わらず、変化は始まっていた。結果として、おれはその変化を楽しむこともできた！　しかも、他の大多数には災厄をもたらしたその変化は、おれに貴重な教訓まで授けてくれた。手元に現金を準備しておくことの根本的な意義だけじゃなく、変化という大混乱の先にあり、取り乱しているやつらの目には見えていないチャンスを自分の手でつかまえることの必要性だ。

物事を主導する力と、変化に伴って生じる障害とは、必ずセットになっている。おれが言いたいのは、たとえそこに素晴らしい商品、素晴らしい何かがあったとしても、すべてはそれを扱う人間次第ということだ。どれほど個性や魅力あふれる商品やサービスでも、それ自体が成功をもたらすわけではない。人間がいてはじめて、成功するのだ。

今日でも、立派な会社が、経営する人間のせいで倒産することはある。経営者のおかげで見事な成功を収める会社もある。経営者が変われば、業績良好な会社がつぶれたり、苦しんでいた会社が立ち直ったりするのだ。つまり、適切な人間を適切に配置できるかどうかが、あらゆるリーダーに課せられた最大の使命だと言えるだろう。

適切な任務に適切な人間を配置するために、さまざまな人材評価の方法がある。細かな事情はともかく、絶対に間違わない、おれの経験則がある。自分にない強みを持った人材を入れろ。そしてそいつを恐れるな。

これは、古今東西あらゆるリーダーが苦労してきたある問題ともつながっている。どんなリーダーでも、一番才能豊かな人材を雇いたいと考える。当たり前に聞こえるかもしれないが、あまりにも有能なやつは、そのうちあなたの仕事を奪ってしまうことになりかねないし、そのことは大いなる脅威だ。

「良いリーダーになる条件のひとつは、自分にない強みを持った人材を入れることだ。あなたが仕事を奪われることはない。むしろ助けてくれる」

おれのアドバイスはこうだ――気持ちを落ち着けて、あなたの目で見て最高だと思う人材を選べ。その人は与えられた任務で最高のパフォーマンスを発揮し、結果としてあなたの仕事を助けてくれるだろう。つきっきりで指導する必要もないだろうから、その分あなたは他の業務に集中できる。普段から自分の頭で考えて、素早く決断を下せる人材のはずだから。

優れたリーダーは、ベストな人材に囲まれていることを頼もしく思うだろう。なぜなら、そうした人材は、変化を予測する準備ができていて、変化し続ける情勢から最大限のメリットを引き出せるからだ。

ただし、有能な人材を雇ったからといって甘えるな。厳しく苦しい仕事を人に任せて、自分はながめているだけじゃ話にならない。高い倫理観を持って仕事をすることが、あなたの責務だ。それを怠れば、その素晴らしい人材に仕事を奪われて終わってしまう。そして、仮にそうなったとしても、もはや誰を責めることもできないだろう。

もっとも優秀な人材を雇用するときは、必ず自分の経験に頼れ。どれほど優秀な人材でも、どれほどスキルが高くても、あなたほどの経験値はないだろうから。貴重な経験を持つあなたこそ、今の職務に最適なはずだし、あなたの経験に基づく実践的な判断と、異なる能力を持った人材とが組み合わされば、パワフルなチームが生まれる。

さらに、リーダーには意味のある変化と単なる流行とを識別できる感覚も必要だ。流行は比較的短い期間の熱狂でしかなく、実質的な価値を伴っていない場合も多い。たとえば「アングリーバード（iPhone向けのゲーム）」。しばらくの間大流行していたが、そのうち話題にのぼらなくなった。一方、グルテンフリーの食品には科学的根拠がある。そうした食品を食べることで良い気分になりたいと考える人たちがいる。それを流行とは呼ばない。

この他、ビジネスリーダー、ことに若手リーダーたちにありがちなつまずきは、過剰に反応しがち、ということだ。おれは長くビジネスの世界にいるので、決断しないことが最良の決断、という場合もあると知っている。正しい決断を下すために、必要な情報はすべて集めるべきだが、集めきれない時には、決断の保留が最善という場合もある。さらに、そのうち問題自体が自然と解消してしまうことだってあるのだ。

ひとつの例を話そう。最近、テキサス州では誰でも銃を保有できるという法律が可決された。ここでは政治的な側面には踏み込まないが、多くのレストランがこの新法にどう向き合うべきか悩んだわけだ。新しいルールに従いたくない場合、銃を持った客は入店お断りという看板を立てるべきだろうか？　新法に同意できる場合、顧客にはどう伝えればいい？　あるいはその中間、完全に賛成でも完全に反対でもない場合、どう振る舞えばいいだろうか？

この場合は、何かするより、何もしないほうがはるかに良い。おれたちもこの件について議論したが、世の中で議論が過熱しているなかでは、自然の成り行きに任せるのが賢明、という結論に至った。顧客の政治的姿勢がどうであれ、特定の誰かだけをはじき出す理由などないはずだ。そのうち議論も下火になり、自然と解決に向かうのだから。

そして、そのとおり下火になった。

時間とともに解決する物事がある。ビジネスオーナーや起業家はそのことを頭に入れて、状況が進むまで十分な時間を見ることが大切だろう。

ここから、リーダーシップと変化に関するシンプルなルールを見出せる――物事を考えすぎるな。自分の財務数値を裏も表も知りつくしてはならない、という意味ではない。もっとも綿密なデューデリジェンス（不動産取引や企業買収などで行われる資産の詳細な評価）をするな、という意味でもない。ただ、やりすぎるな。考えすぎて、問題を不必要に複雑にするな。

95：5の法則であれ、古き良きＫＩＳＳの原則（Keep It Simple, Stupid）（できるだけ簡潔にせよ、という趣旨の言葉）であれ、あまり細かいことにエネルギーを浪費していると大切なことを見逃してしまう。変化についても同じことが言える。確実なのは、世の中が変化している、ということだけだ。

TILMAN'S TARGETS

ティルマンの教え

・変われ、変われ、変われ。

・優れたリーダーは変化を受け入れる。

・自分より賢い、あるいは有能な人間を入れることを躊躇するな。

・何も決めないことが最良の決断、という場合もある。

・考えすぎるな。なりゆきに任せろ。

おわりに　あきらめるな。攻め続けろ

成功するビジネスは、さまざまな要素で構成されている。魅力ある商品、優れたカスタマーサービス、効果的なマーケティング。だが、一度それらをすべて取り払ってみると、このまま成長を続けられるか、それとも衰退していくのかを分ける、もうひとつの経営要素が見えてくる。

それが、粘り強さだ。状況がいかに厳しくても、誰に何と言われようと、ひたすら突き進もうとする意志の力だ。

これを聞いてあなたは、おれのような成功をつかめた後なら、誰だって粘り強さについて語れる、と思ったかもしれない。だが、おれも過去にはいろいろな経験を積んできた。むしろ大変な時期のほうが長かった。仕事を始めたころはいつも右往左往していたし、ビジネスを成長させるために必要な資金の調達は、とんでもない苦労の連続だった。

そして、成功したビジネスオーナーの多くには、共通する物語があるとおれは思っている。他のやつらが早々にあきらめてタオルを投げても、あきらめずにコツコツと努力を続けてきた起業家の苦労話だ。

だからこそ、おれは本書を、その他大勢から抜け出すための、単純に見えるが実践は容易ではない、重要な考え方で締めたいと思う――絶対に、あきらめるな。だからこれを最後のテーマにした。進み続けること、あきらめないことは、それほど大事なんだ。本書を読み終えた後、他のテーマすべてを忘れてしまうくらい長い時間が経過した後でも、これだけは忘れずにいてほしい。

それに、将来成功を収めたあなたが、ふと昔を振り返り、あきらめずに戦い続けた時期の体験を若い起業家たちに伝える日が来ないなどと、誰に分かるものか！

〈ビリオンダラー・バイヤー〉で取り上げた中小企業には、ひとつの共通項がある。誰もが苦戦しているということだ。

苦戦の理由はさまざまだ。自分たちに原因がある場合もある。あまりにも大きな成果を、あまりに手っ取り早く求めすぎた。あるいは、財務数値を理解していない場合もあった。これについては指摘してきたとおりだ。

また、図らずも厳しい打撃に見舞われたケースもある。ヒューストンに拠点を置くグラナイト（花こう岩、または御影石。建築用石材となる）の生産会社が、ハリケーン・ハービー（２０１７年８月にテキサス州を襲い、ヒューストン周辺に大洪水をもたらした大型ハリケーン）の直撃を受けて倒産寸前にまで追い込まれたのだ。これについては後でまた触れる。

さまざまに苦労を抱える起業家たちに、おれが伝えたい大切なメッセージはひとつだ。

聞け！

何があろうと、突き進め。他のやつらが、あなたより先に**音を上げないという保証はどこにもない**のだから。

1980年代にテキサス中の銀行がつぶれた当時のおれ自身が、攻め続ければ報われることの良い例だ。おれの場合は、前に話したとおり、金融当局に気づかれることなく自分のビジネスを成長させていけた。当局は銀行の相次ぐ倒産というはるかに大きな問題に忙殺されていたからだ。

結局、おれは生き延びたし、ほとんどの企業はそうならなかった。これは貴重な教訓になった。攻め続けろ。なぜなら、他のやつらが先にノックアウトされるかもしれないからだ。おれの場合、「他のやつら」は銀行だった。あなたの場合、それは競合他社かもしれないし、債権者かもしれないし、社内の生産問題かもしれない。あなたが生き残っているかぎり、他のやつらや延々続く問題よりもさらに長く生き延びるチャンスがあるってことだ。

本書でおれは、あなたが起業家として成功するために、ひいてはビジネスを成長させるために求められるさまざまなスキルについて話をしてきた。おれは粘り強さ、つまり攻め続ける意志が、他のどれよりも重要なスキルだと考えている。

生まれつきの粘り強さは人によって異なるだろう。だがいずれにしても、粘り強さこそビジネスリーダーにとっては学ぶべきスキルであり、身につけるべき特性だと、おれは強く信じている。

否定ばかりしたがるやつらなど無視しておけ！　あなたが誰であろうが、どこにいようが、戦う相手の話を持ち出して、今すぐあきらめたほうがいい、などとしたり顔で寄ってくるやつは必ずいる。もちろん、純粋な懸念から助言してくれる人もいるだろう。だが、なかには別の理由で撤退を促してくるやつもいるかもしれない。

へこたれるな、攻め続けろ。自分の得意分野を思い出せ。その強みを、もっと磨け。そうしているうちに、ビジネス上の弱みが浮き彫りになる場合もある。昔、レストラン事業で苦戦していたときに、支配人を集めて、原点に立ち返る必要があると訴えたことがある――熱い料理は熱いままに、冷たい料理は冷たいままに提供しよう、と。それがおれたちの目標になった。そしてそれ以降、お客さんたちはおれのレストランで何が得られるかをはっきり理解した。そしておれたちはその強みを磨き上げてきた。

戦い続けるための、もうひとつの考え方。それは、目の前の苦境に、過去の成功を覆い隠させてはいけないということだ。たとえば、あなたが会社を立ち上げたころ、商品なりサービスなりが好評だったとする。それは、その商品の何かを顧客が評価したからだったはずだ。それは自信になり、さらにビジネスを進める良いきっかけにもなっただろう。戦い続ける理由が、そこにはある。

初期の成功を思い返すことで、今自分がもがいている原因も見えてくるかもしれない。自分自身に問いかけてみるといい。「あのころ、物事が本当に順調に動いていたときと比べて、今は何が変わったんだろうか？」と。自分のやっている何かが変化したせいで、成功が苦戦に変わってしまってないか？

戦い続けるために、雄牛になれ。これもすでに話した。あなた自身が、ビジネスにおける強さの源になるということだ。あらゆることがうまくいっていない局面で、リーダーにもっとも求められる特性であり、姿勢だ。このとき、リーダーは自力で物事をなし遂げなければならない。断固たる態度を見せるのが、苦しいときのリーダーだ。同僚たちを盛り立てろ。生き延びて、さらに成長するためには、一人ひとりが不可欠のメンバーだと、心から思わせろ。

雄牛について、もうひとつ。雄牛が自らタオルを投げ入れることはまれだが、もしそのときが来るとすれば、本当にギリギリになってからだろう。

業種を問わず、店舗が閉じられるときに、競合に負けたという理由でない場合がしばしばある。そうではないのに、あまりにも早い時点で両手を上げて降参してしまう。

前に話したとおり、ビジネスにおいて打ち負かされることはあり得る。現金が底をつくかもしれないし、債権者が返済の繰り延べを拒否するかもしれない。

おれの経験でも、直面する障害と戦い続けるよりも、店を畳むことを選択する事業者は何人もいた。

だが、現実問題として、その多くはあきらめる必要などなかったと、おれは考えている。実際に最近、おれが話をしたら納得して踏みとどまってくれたというケースがあった。〈ビリオンダラー・バイヤー〉では、シーズン3の最終回でK&Nカスタム・グラナイト社を取り上げた。ヒューストンに本社を置き、家庭向けと商用の両方でグラナイトや改装用の資材を取り扱っている会社だ。

彼らは文字どおり、そして数字のうえでも破産の危機にひんしていた。

ガスとジェシカのトレビノ夫妻が営む、いわゆるパパママショップだが、2017年にヒューストン地域を含むメキシコ湾岸を襲ったハリケーン・ハービーによって大打撃を被ってしまった。道路は車が通行できないほど冠水し、その影響は何週間も続いた。トレビノ夫妻は14日間にわたって家から出られず、店舗に行くこともできなかった。ただし、その後やっと店まで行けたふたりにとってラッキーだったのは、施設が一切浸水していなかったことだ。

だが、それとは別の形でダメージを被った。以前から苦しい操業が続いていたのだが、ハリケーンのために受注していた仕事を期限までに仕上げられず、最大の顧客を失ってしまったのだ。最終的に、会社は3週間にわたって閉じることを余儀なくされ、7万5000ドルないし10万ドルもの損失を出すことになる。前年の売上高が70万ドル未満のビジネスにとっては小さくない額だ。

さらに悪いことに、ふたりだけの小さな店だったため、この損失を取り戻すことはほぼ不可能に見えた。非常時の代替案は立てられていなかったし、その日をしのぐために必死で奮闘するだけだった。

おれがはじめてジェシカとガスに会ったとき、ふたりは連邦破産法11条（倒産の手続きを定めた米国の法律で、日本の民事再生法に当たる）の適用を申請して店を畳むことを真剣に検討するほど、状況は悪化していた。

それを聞いての、おれの反応――あなたたち、何を言ってるんだ？

まだ店は開いてるじゃないか。内装資材に使う石が、店の外にたくさん置いてあった。顧客が店を訪れて注文するうえで、何の障害もなかった。

おれはふたりにこう言った。あなたたちはまだ仕入れ経費の最後の1ドルまでは使い切っていない。誰かが店に鍵をかけて担保に取るとか、給料が払えなくなるといった状態じゃない。それが現状だ。もし作業員の賃金が払えないところまで追い込まれたら、あなたたちが全部やれ。営業まわりもして、生産もしろ。なんでもやれ。だが今はまだ、あなたたちの会社は存続しているんだ！

おれはもうひとつ伝えた。弁護士など雇って金を浪費するな。おれは、ジェシカとガスが立ち上がって、自ら社内のリストラという作業に取り組める、と信じていた。

さらにおれは、これほど莫大な財政的プレッシャーのもとでどこまで力を出せるのかを確かめるため、ふたりに課題を出した。角を面取りしたバー用の天板のデザインと制作を頼んだんだ。

納品された天板には見事な職人技が施され、色調も素晴らしかった。これこそおれが探し求めていたものだ。おれは、所有するカジノ1店とレストラン3軒について、ふたりの会社をメインの石材供給業者に指定したいと言った。およそ20万ドル相当の発注だ。

ふたりはそれを受け入れた。

ガスとジェシカの話は、もうあきらめて当然と思えるほどの状況で、それでも思い切って進み続けると決断するにはどんな戦略が大事だったかを教えてくれる。ふたりの場合、事業の継続を決めた。おれは、その決断に自分が一定の役目を果たせたことをうれしく思っている。

逆境のとき、そのビジネスを閉じるのは、状況が許さないからか？　それとも、オーナーが闘志を失ったからか？

「仕入れ費用の最後の1ドルを使い切るまで、あなたたちのビジネスは続く。店を担保に取られたり、給料が払えなくなったりしないかぎり、終わりじゃない」

これは、カスタマーサービスについて話したことと似ている。あなたのビジネスで、誰かが顧客の依頼を断ったとき、単にノーと言うことを選んだだけなのか、それとも本当に不可能だからそう言ったのか？　そういうときはたいてい、不可能だからではなく、単にノーを選んだだけという場合が多い。

会社の存続をおびやかす難題に挑むときも同じだ。会社を畳むという判断は不可避だったか、ただの選択だったのか？

あきらめるのは簡単だ。とくに、会社を存続させるために必要な努力や献身を考えれば、なおさらだ。多くの経営者は、自分にできることはすべてやったと言い訳する。いや、自分を納得させようとするんだ。絶対に倒せない相手に挑む必要がどこにある？

だが、おれは起業家たちに、本当に事業がダメになるまでにどれほど長い時間がかかるのかを知ったらみんな驚くぞ、とつねづね話している。ある日オフィスの扉に鍵をかけて、後は成り行きに任せる、という意味じゃない。その会社を本当に続けられなくなるまでには、恐ろしいくらい長い時間がかかる、と言いたいのだ。賃料の支払いに苦しむかもしれないし、自分への給料は出せなくなるかもしれない。自らやるなど思いもよらなかったような業務まで引き受けざるを得なくなることだってあり得る。

良い判断を下すこと、常識にとらわれないで考えることが必要だ。

おれが考えた革新的な戦略を教えよう。これを使って、おれは成果も上げた。名づけて「レジの現金戦略」だ。

あなたが製造業者に対して3万ドルの支払い義務を負っているとしよう。その業者からは追加で購入したいが、返済すべき3万ドルが用意できない。常識にとらわれずに考えて、その業者にこう持ちかけてみてはどうだろう。「支払いの3万ドルを今すぐは返せない。だが、今後売り上げとしてレジに入る現金から定期的に返済する。もし一度でも滞らせたら、その時点ですべて差し押さえてもらって構わない」。「だが、製品は売ってほしい。それがないと事業が続けられないからだ。売ってもらえるなら、今後12カ月間、毎月2500ドルずつ支払う。あなたは最終的には債権を回収できるはずだ。売ってもらえなければ、あなたは回収できないことになる」。

常識にとらわれるな。適切に判断を下すための鍵は、相手も自分の利益を守りたいという意識だ。シンプルな筋立てだ。両者とも勝つか、両者とも負けるかだ。

製造業者がその申し出を受け入れたとする。次はオフィスの家主だ。あなたは3カ月分の家賃を滞納している。ここでも、双方の利益という観点に立って取引だ。今後3カ月間、家賃を半額にできないか交渉するのだ。1年間の猶予をもらった後に、その分も含めて支払うという案だ。そして、ここがミソだ。この先1カ月でも支払いが滞ったら、その時点であなたをオフィスから追い出していい、という合意書にサインする、と提案してみろ。わざわざ鍵をかけなくても、保安官代理まで呼ばなくてもいい。即刻自分から立ち退く。以上。

それはリスキーな賭けじゃないかって？　そのとおりだ。創造的に考えることと明快な決断を下すこと。粘り強く進もうとするならば、それがあなたの2つの武器になる。

結論。トップをつかむまでの道のりは、絶対に一筋縄ではいかないし、途切れずに続くこともない。

本当に、これまで何の疑いもなく、ゲートから勢いよく飛び出して、そのまま平坦な道のりを爆走できると思っていたのか？　たしかに、今の状況はあなたが想像していたほど思わしくないのかもしれないが、誰もがしばしば悪戦苦闘するものなんだ。

岐路に立ったとき、他人のサポートやアドバイスを求めることは重要だ。おれはトレビノ夫妻にアドバイスを送ることができた。だから、他の起業家たちとも話せ。客観的な視点で見てくれる人たちの声を聞け。それも、あなたが今後正しい判断を下していくうえで役立つだろう。

そして、どれほど外部の助言が有用だったとしても、雄牛は自分自身がもっとも信頼すべきアドバイザーだということも分かっている。

とことん行き詰まるまでは、やめるな。攻め続けろ。

思っていたよりもずっと長く続けられる、ということに気づいて、あなたは驚くだろう。

そして、絶対に忘れるな。あなたの最大の財産は、あなた自身の直感だ。

TILMAN'S TARGETS

ティルマンの教え

・リーダーは、苦境のときに断固たる態度を取る。
・粘り強さは価値あるスキルだ。攻め続けろ。
・常識に縛られるな。
・苦しいときには、基本に立ち返れ。
・つねに雄牛たれ。

あとがき　「最後までおれの話を聞いたあなたに……」

最後に、ひとつ告白しよう。

本書のタイトルを考えたときの話だ。ひとつには、一般的なリサーチをして、取材をして、本書で取り上げた大切なテーマを包括的に表現できる言葉をひねり出そうとした。2番目。おれらしい言葉にしたかった。これはできたと思うが、どうだろう！

だが、3番目の要素こそ、おれが強く感じていることだ。フラストレーション。おれがどれほどのフラストレーションを抱えているか、伝えきれないくらいだ。起業家や、ビジネスをさらに大きくしようと頑張っている経営者たちに、おれは自分がこれまで身につけてきたすべてを伝えようと努めてきた。それなのに、おれのアドバイスを心に留めようとしないやつのなんと多いことか。

おれにとってこれ以上のフラストレーションはない。おれがフォーブスのリストに載ったのは、別に名前がロックフェラーだったからじゃない。おれはたたき上げだ。あなたと同じようにいちからビジネスを始めた。だから、本書のタイトルどおり、おれは叫びたくなる。「黙ってオレの話を聞け！」

うぬぼれじゃない。好き勝手に動いているつもりもない。おれの考え方や戦い方は、自分のビジネスで役に立ったし、誰にでも役立つはずだ。

35年以上ビジネスの世界で生きてきて、実際に成果が上がった考え方や戦い方を、おれは披露している。本書におけるおれの役割は、あなたのビジネスを伸ばす手伝いをすること、そして手痛いミスから救い出すことだ。

手痛いミスを避けるために、おれが繰り返しみんなに話してきた言葉や考え方がある。友人たちが「ティルマニズム」と呼んでいる、それらの言葉を、あらためて紹介しよう。

「あなたは分かってやっているつもりでも、実は全然分かっていない。おれが説明してやろう」

「プラッピーになれ」

「ホワットイフ（不測の事態）に備えて、スケジュールに余分の数時間か数日を組み込んでおくんだ。もしもおれが誰かに、ある品物をその日に配達すると言ったら、おれは絶対に届ける。その顧客に、自分は特別だと思ってもらうために」

「イエスと言える場面で、なぜいとも簡単にノーと言ってしまうのか？」

「顧客の代わりはいない」

「小規模ビジネスが直面する最大の問題は、運転資本に関係する。あらゆる支払いが先に発生するからだ」

「不況の時期には、弱者をのみ込んで自分のビジネスを伸ばせ」

「絶対に、私生活の充実を会社の成長よりも優先させるな」

「自社の財務数値を覚えておけ。数字はうそをつかない」

「企業と財務数値を見れば、成功できる内容かどうかを、おれは数分で見極められる。それがおれの強みだ。そして、おれはそのことを認識している」

「自分と同じスキルの持ち主とは組むな」

「あなたはマラソンを走りたいと言いながら、普通に歩く姿すら見せていない」

「状況に関わらず、雄牛たれ」

「コンサルタントに頼りすぎるな」

「ありもしない頭数を報告するな」

「質問する人間は、会議室にいるなかで一番賢明なやつである場合が多い。知らないことを率直に聞くだけの謙虚さを備えているからだ」

「自分は誰かに教えるには不釣り合いに地位が高すぎる、などと考えるな。おれは今も毎日教えている。しかもそれと同じくらい大事なことに、おれは教えた分だけ人から学んでいる」

「変化を予測すれば、あなたは時代とともに変わるだけでなく、時代そのものを変えることもできる」

「良いリーダーになる条件のひとつは、自分にない強みを持った人材を入れることだ。あなたが仕事を奪われることはない。むしろ助けてくれる」

「仕入れ費用の最後の1ドルを使い切るまで、あなたたちのビジネスは続く。店を担保に取られたり、給料が払えなくなったりしないかぎり、終わりじゃない」

それから、もちろんこれだ。「黙っておれの話を聞け！」

おれの説教ももうすぐ終わりだ。黙って人の言うことを聞け。あなたはその価値に気づいてくれただろうと思う。これは、ビジネスでも生活全般でも使える行動原則だ。

ここまで、あなたは黙っておれの話を聞いてくれた。そろそろ俺が黙る番だ。

お礼を言う。今日、明日、今後何年にもわたって、あなたとあなたのビジネスの役に立つだろうおれの話を、聞いてくれて、ありがとう。

私の知るティルマン

マイク・ミルケン

マイケル・ミルケンという名前は、あなたもよく知っているだろう。１９８０年代の債券市場に革命を起こした男だ。現在は、ワシントンＤＣにセンター・フォー・アドバンシング・ジ・アメリカン・ドリーム（アメリカ人一人ひとりの夢実現を後押しするという目的で、展示・教育・調査業務などを行う団体。２０２２年に施設開館予定）を設立するために奔走している。マイクはおれの親愛なる友人であり、マスに広く受け入れられるものを売ることに価値を置いている点で、ふたりは共通している。

「ティルマンはビジネスの本質を理解していると同時に、消費者についても理解している。実際には消費者が求めていないものを、求めていると勘違いして売っている人は多い。ティルマンには、他人の目を通して世界を見る力がある。自分の目でしか見ようとしない人たちが多いが、結果として世界を正確に把握できていない」

「ティルマンは、買収したラスベガスのゴールデンナゲットについて、より幅広い顧客層やマーケットを対象にすべきだと分かっていた。それまでは狭い層しか相手にしていなかったからだ。そして、同じことをアトランティックシティー、ミシシッピ州ビロクシなどでも行った。昔のマーケットではなく、現在のマーケットを分析したのだ。そしてティルマンがカジノを買収してからは、ずっとうまくいっている。顧客の望むものを理解するかどうかが重要だ」

「それは彼がホストを務めるテレビ番組、〈ビリオンダラー・バイヤー〉からも見てとれる。彼の物言いは単刀直入だ。彼は、出演者に向けて真実しか話さない。そのアイデアでは絶対にうまくいかない、といったように。単に夢を壊してるだけじゃないか、と思う視聴者もいるかもしれない。だが何よりも大切なことは、相手が今始めようとしているビジネスがとてつもなく難しいものだと、あらかじめ分からせることだ。家族全員で貯めた金を、うまくいかない事業アイデアにつぎ込んで失うようなリスクは冒すべきではない」

「ティルマンがこの番組で出演者に授けているものは、正直さ、洞察力、そして知恵だ。ビジネスを大きくして、ティルマンの会社にも販売したいと考えている人のみならず、これからビジネスを始めたいと考えている人も対象だ。彼こそ、アメリカンドリームの体現者だといえるだろう」

スコット・ケリー

スコット・ケリーは元宇宙飛行士だ。自分が宇宙ステーションで過ごした1年間について詳しく記した*Endurance: My Year in Space, a Lifetime Discovery*の著者でもある。（5％を知れば物事は劇的に変わる話にも触れてくれている！）おれがとある場所で5％を見つけたとき、彼はおれと一緒だった。

「ティルマンと私とで一杯やっていたときのことだ。そこには非常にプロフェッショナルで仕事ぶりも真面目なバーテンダーがいたんだが、彼がウオツカを我々のグラスについでくれた。ショットグラスで測らずにボトルから直接注いだ。我々はそれを受け取ってひと口飲んだ」

「『どのくらいの量のウオツカが入っているんだね?』とティルマンが疑わしげに聞いた。バーテンダーは、ちょうど2オンスだと答えた。ティルマンに要求されて、彼はまたウオツカを測らずに注いだ」

「『ショットグラスをくれ』とティルマンが言った。バーテンダーにもらったショットグラスにウオツカを移してみたら、1杯分には少し足りなかった。バーテンダーが2オンスだと自信たっぷりに入れていた量には」

「なぜティルマンはバーテンダーが2オンス分注いでいないと思ったのか、私には分からない。だが、それこそが彼の成功の秘訣だと思う。文字どおり、彼にとってささいな細部は存在しないのだ」

リッチ・ハンドラー

おれの友人で、ウォール街に拠点を置くジェフリーズ・グループのCEOを務めているリッチ・ハンドラーは、友情の価値を知っている。リッチとおれが最初に出会ったのは、事業資金の調達がとても難しいころだった。そしてそのことで、おれたちは今日まで続く友情を固めることができた。

「私たちは、金融危機で景気がどん底のころに出会った。資金がほとんど回転していないような事業環境だった。取引が滞らないよう手立てを一緒に考えたものだが、同時にとても個人的な絆を築いた。ティルマンにとっては、仕事と生活は密接につながっている。彼を財政面で支えてきた我々に、彼は深い忠誠心で報いてくれている」

リッチは、ビジネスを人間関係と切り離して考えるやつは、極めて力強いビジネスツールをつかみ損ねている、とも言っている。

「取引の文脈で関係をとらえていると、そういうことが見えてこない。仕事であれ、私生活であれ、あなたがティルマンの友人なら、彼がとても忠実な人間だと分かるだろう。彼にとっても、友人にとっても、それでうまくやれているのだ」

デイヴ・ジャキン

デイヴ・ジャキンはノースポイント・アドバイザーズ社の創業者だ。ノースポイントは、M&Aに関して全米有数の企業だ。おれは長年、彼らとは広範囲にわたって仕事をしてきた。飢餓感ということでいえば、デイヴはなぜおれが今のようなやり方で飢餓感を持ち続けているのかを説明できずに困ってしまうのだという。

「私にしてみれば、ティルマンはマイケル・ジョーダンのような人だ。もし私が彼であれほどの資産を持っていたら、もう働かなくてもいいと思ってしまうだろう。だが彼はいつまでも歩みを止めない。彼はつねに自分の力に賭けて、そして結果を出す。彼はあらゆるところで新たな価値を創造している。そしてそのどれもが利益を生んでいるのだ」

デイヴは、ハングリー精神あふれるリーダーが自分の周囲にどういう人材を配置すべきかについて、おれがお手本を示しているとも言う。そこに、シンプルで強力な原則を見て取れる、と言うんだ――ハングリーたれ。ハングリーな人材でチームをつくれ。

「ティルマンは私の知るかぎり誰よりも働く男だ。自分がお手本を示して人を引っ張っている。頑張り続けられない人は、彼のチームに加わるのは難しいだろう」

だが、厳格な仕事第一主義よりはるかに大切なものもある。デイヴはこう付け加えてくれた。

「1年ほど前に心臓の切開手術を受けた。術後、私が起きてみると、ベッドの向こうに座っていたのがティルマンだった」

アル・ルイス

雄牛は、いろいろな人たちとの共通点を見出そうとする。長く成功を続けるためには、多くの人と良好な絆を結ぶことが重要だと分かっているからだ。実際、もっとも価値ある友情は、いっときは反目し合っていた人間との間に育まれることもある。

15年ほど前、おれは財政的に苦境に陥っていたデンバー水族館（現在のダウンタウン水族館）を買収した。そのとき、おれは施設に課せられる税額について、デンバー市当局と意見がぶつかっていた。まだランドリーズが上場していた時期で、ある日、会社の決算発表を電話会見で行っていたおれは、市が税額を引き下げないかぎり建物を取り壊すとほのめかした。こっちの主張をはっきりさせるため、少し世間の話題にしてやろうと考えたんだ。

そのときだ。戦闘意欲満々のアル・ルイスが、おれの前に現れたのは。

当時、地元紙『デンバー・ポスト』のビジネスコラムニストだった彼は、これを猛烈に批判した。おれに「井の中の蛙《かわず》」というレッテルを貼り、金目当ての乱暴者だと書きたてた。紙面上でやんわりとではあったが、おれにテキサスへ帰ってもうこっちへは来るなとも書いた。

1年後、新装なった水族館が再開した。2000万ドルを投じて設備を一新し、フルサービスのレストランなど他のアトラクションも加えた。

そのオープニングセレモニーに、おれは戦う新聞記者、ミスター・ルイスも招待した。うらんでなどいなかったよ。そして彼は、進んで出席してくれた。

1年もたてば、事情は変わる。今度はおれを「救世主」と呼び、水族館に関するコラムの続編を書いた。オープニングでおれと一緒の時間を過ごした彼は、こう書いていた。

「私たちはすっかり仲良くなった。抱きしめてあげたくなったくらいだ」

なぜこうなったかって？　当時、自分の役目をしっかりとこなしていた彼は、おれにもおれの果たすべき役割があったということを知っていたんだろうな。

「カエル呼ばわりされて腹が立たなかったのか？」と、ある夜彼はおれに聞いてきた。

「あんたは面白い記事を書いて報酬を得ているんだろう」とおれは返した。そして、税務当局とのささいなもめ事は話題になると確信していた、と彼に言ったんだ。「あの発言をしたとき、おれは話題性を意識していた。そしてあんたはそれが話題を呼ぶと見抜いて書いたんだ。おれたちは似た者同士だと思うよ」

数年後、アルとおれは再び出会った。そのとき彼は『ヒューストン・クロニクル』のビジネスエディターに転身していたが、再会した後に執筆したコラムにはこう書かれていた。

「もしも誰かがあなたをからかったり、挑みかかったりしてくるようなら、それは間違いなくあなたを気にしているからだ。そのうちあなたを助けてくれる存在にならないなどと、誰が言えようか」

そしてこのころには、アルがおれを呼ぶ名前が「カエル」から「サメ」、そして「エンゼルフィッシュ」へと変わっていたよ。

自分が付き合うさまざまな人と自分との間には、それほど多くの共通点はないかもしれない。それでも、できるだけ何かが共通していないかと探してみるのは悪くないことだと思う。そういう人たちの立場に立ってみるのもいいだろう。なぜなら、ビジネスを成功させるうえでも、友人がもっとも価値ある自分の強みになってくれるはずだからだ。敵のままじゃそうはいかない。

エイブラハム・リンカーンも、自分でそのことを分かっていた。敵に優しすぎると諭されたリンカーンは、それなら「消滅させる」と発言したと伝えられている。

敵をなくすために、全員と友人になろうと考えていたのだ。

マーク・ケリー

何年か前に、アリゾナ州選出のガブリエル（ガビー）・ギフォーズ下院議員が銃撃されたという暗殺未遂事件を覚えているだろう。ガビーは、おれの親友で宇宙飛行士のマーク・ケリー（スコット・ケリーの双子の兄弟）と結婚していた。おれは一報を聞いてすぐに、マークと家族をアリゾナに戻す手配をした。

ちょうど彼らが飛行機に乗っていた時間に、おれはＣＮＮを見ていた。すると突然、ガビーが亡くなったというニュースが報じられた。マークからは、ガビーの容態は安定していて、頭部に受けた傷について手術中だと聞いていた。他の重要な臓器は銃撃の影響を受けていないのに、亡くなるわけがない。マークは機中でもニュースを聞いているに違いないと思ったおれは、すぐ彼に連絡して、自分は彼女の生存を100%確信していると伝えた。

だが、論理的な考えというだけでなく、おれにはその報道が全部間違いだという直感もあった。マークは、そんなおれの直感に感謝してくれた。

「あのときティルマンは、ガビーがまだ生きていると言ってくれた。そしてそれは正しかった。彼は人生のさまざまな局面においても、同じように明快だし洞察力にすぐれている。さらに、他人の視点で世界を見て、人々の願いを理解し、予測するたぐいまれな能力の持ち主だといえる」

レヌ・カトー

レヌ・カトー総長が指揮を執ったヒューストン大学では、変化こそが重要とされてきた。彼女の在任期間中、獲得した研究費の額も、在籍者数も、学術的卓越性も、すべて最高記録を更新した。おれは幸運なことに、過去5年にわたって大学の理事長を務めさせてもらった。何より、カトー総長とおれはともに、より良い方向へ変化することの意義を強く信じている。

「ティルマンが理事長の職にあった5年間で、大学は過去になかったほど大きな変化を遂げることができました。ティルマンは、公立の団体にとって理想的なリーダーだと思います。彼は非常に的を射た質問をします。明快な指示を出します。彼のビジョンは壮大で力強く、大胆です。私たちが思いつきもしないようなアイデアを出してくれるのです」

その一例が、テキサス州ケイティ市にサテライトキャンパスを開設するとした大学の決断だ。この地域にはもともと既存の高等教育施設がなかったにもかかわらずだ。

「ティルマンは、『10年後、20年後に人々がどの地域に住むようになるか、自分には分かる』と言いました。彼は、サービスのほうから人々に近づくことがどれだけ重要かを理解しているのです」

おれは、大学の教育プログラムを提供する範囲を、今後人口増加が見込まれる地域にまで広げるべきだと感じていた。マスに届けるっていう、あの考え方だ。

大学のアメフトチームに関する改革も行った。才能あるコーチのなかには、大学チームは一時的な居場所で、有名チームから声がかかればすぐにでも移籍したいと考える人も多い。おれは総長と協働して、途中解約に関する内容の契約書を作成した。大学と前途有望な若手コーチとが互いに信頼し合えるような雇用プログラムを導入したんだ。

「ティルマンは『大学とコーチの双方が相手に対して責任ある行動を取れるように、ビジネスモデルを変えよう』と言いました」

「彼は、すべてについて効率性を高めました。理事会も同じです。集まってくる理事たちは皆会議に臨む準備がしっかりできていました。公立の機関ではいつもこのようにできるとはかぎらないのです」

「ティルマンの資質をひとつ挙げるとするならば、私は共感力だと思います。あるとき、ひとりの学生が自殺を試みたことがありました。ティルマンは4時間おきに学生の様子を聞くメッセージをくれたのです。彼の心は学生たちと結びついています。学生は単なる人数に置き換えられない存在だと分かっているからです」

「ティルマンがビジネスの視点で考えてくれたおかげで、ヒューストン大学を新たな軌道に乗せることができました」

謝辞

本書は、家族の支えを抜きにしては執筆できなかった。おれの両親、ビックとジョイ、それからペイジ、マイケル、パトリック、ブレイン、ブレイク、兄弟のジェイとトッド。みんな、本書に登場するおれの言葉、「ティルマニズム」については全部知っている。

執筆中から編集まで、厳しい批評をくれたみんなにも感謝したい。パトリック・ファティータ、マイケル・ファティータ、スティーブ・シャインタール、ダンシー・ウェア、メリッサ・ラドビッチ、そしてダッシュ・コールハウゼン。編集者のラベル・ラベットは、本書が完成するまでの間、つねに触媒となり、伴走してくれた。

「私の知るティルマン」にコメントを寄せてくれた友人たちの名を、特に記して感謝する。リッチ・ハンドラー、デイヴ・ジャキン、マーク・ケリー大佐、スコット・ケリー大佐、マイケル・ミルケン、レヌ・カトー博士。

最後になるが、ランドリーズ、ゴールデンナゲット、ヒューストン・ロケッツの全従業員の貢献なくして、おれはこの組織を現在の状態にまで築き上げられなかったし、本の執筆を考えることもなかっただろう。よく自慢するのだが、これほど多くの従業員に長く勤めてもらっているおれはなんと幸運な男だろうと思っている。彼らの献身こそ最高の賛辞だと思っている。なかでも、幹部社員たちの名を次に記して感謝したい。みんな、およそ

20年にわたってともに働いてくれている。

アンディ・アレキサンダー、キース・ビートラー、ジェフ・カントウェル、ケリ・カー、ハワード・コール、ゲリー・デル・プレーテ、ロンダ・デパウリス、ジム・デュフォルト、リチャード・フラワーズ、シャー・ガニ、スティーブ・グリーンバーグ、ニッキー・キーナン、ブレット・ケラーマン、ローリ・キトル、ジェームス・クレイマー、ジュリー・リーベルト、リック・リエム、スコット・マーシャル、マーク・モンスマ、ドン・ラコスキ、ケリー・ロバーツ、キャシー・ルイズ、スティーブ・シェインタール、ポール・シュルツ、リン・スモール、ディーナ・スタグナー、ステファニー・タレント、カリム・タミル、テリー・ターニー、ティム・ホイットロック

長い年月をともに過ごしてきた従業員たちが、他にも数百人はいるが、残念ながらみんなの名を載せられるだけの紙幅がない。しかし、ここに名前が出ていない全員の取り組みに感謝している。

■著者紹介

ティルマン・ファティータ（Tilman Fertitta）

ヒューストン生まれ。実業家として、飲食業、サービス業、エンタテインメントおよびカジノ事業で世界有数の存在となっている。フォーブス誌では「世界一金持ちのレストラン経営者」とされ、ＣＮＢＣ〈ビリオンダラー・バイヤー〉でホストを務める他、レストラン大手のランドリーズ、ゴールデンナゲット・カジノ＆ホテル、ＮＢＡのヒューストン・ロケッツを傘下に持つファティータ・エンタテインメントの単独オーナーでもある。

■訳者紹介

三宅康雄（みやけ・やすお）

英語翻訳者。早稲田大学商学部卒。広告代理店勤務を経て、現在はウェブ記事などの翻訳に携わる。訳書に『１％の生活習慣を変えるだけで人生が輝き出すカイゼン・メソッド』（徳間書店）がある。

2020年8月3日　初版第1刷発行

フェニックスシリーズ ⑲

黙《だま》っておれの話《はなし》を聞《き》け！
――起業と経営を成功させる15の行動原則

著　者　ティルマン・ファティータ
訳　者　三宅康雄
発行者　後藤康徳
発行所　パンローリング株式会社
〒160-0023　東京都新宿区西新宿7-9-18　6階
TEL 03-5386-7391　FAX 03-5386-7393
http://www.panrolling.com/
E-mail　info@panrolling.com
装　丁　パンローリング装丁室
組　版　パンローリング制作室
印刷·製本　株式会社シナノ

ISBN978-4-7759-4234-5
落丁・乱丁本はお取り替えします。
また、本書の全部、または一部を複写・複製・転訳載、および磁気・光記録媒体に入力することなどは、著作権法上の例外を除き禁じられています。

©Miyake Yasuo 2020　Printed in Japan